傳入西藏的
中國禪法

Tibetan Zen: Discovering a Lost Tradition

薩姆·范·謝克（Sam van Schaik）著
黃書蓉 譯

通序

2014 年 8 月教育部核准設立「法鼓文理學院」（Dharma Drum Institute of Liberal Arts，縮寫 DILA），法鼓山創辦人聖嚴法師（1930－2009）多年的「大願興學」完成。法鼓文理學院第一、二任校長（2014－2022）惠敏法師指出，1994 年創辦人聖嚴法師為提供中華佛學研究所之各種研究成果，以及各種獎助、補助的佛學相關著作，給學術界與社會大眾參考使用，精選出版《中華佛學研究所論叢》，希望能達到出版優良學術作品之目的，進而提高國內佛教研究的國際學術地位。法鼓文理學院成立後，原來的各類叢書，也更名為《法鼓文理學院論叢》、《法鼓文理學院譯叢》、《法鼓文理學院特叢》，2018 年亦新開闢《法鼓文理學院 e 叢》，可以更多元的發展學術出版成果。

2021 年法鼓文理學院學制以「心靈環保」為核心價值，立基「佛教學系」之博、碩、學士班，與人文社會學群之「生命教育碩士學位學程」，以及「社會企業與創新碩士學位學程」（社會企業、社區再造、環境與發展三組）。2023 年新設「社會企業與心靈環保碩士在職學位學程」、「生命教育進修學士班」，實踐終身教育與終身學習的發展。

至於教研處設立學術出版組，規畫、執行各項學術出版業務，並組成「法鼓文理學院學術出版委員會」。依據其設置要點，負責訂定出版物之出版原則及各項重要相關事項之決議，包含《法鼓佛學學報》、法鼓文理學院叢書、教學教材及其他經議決同意出版之出版品。

　　2022 年適逢聖嚴法師心靈環保（1992 年提出）30 週年，法鼓文理學院透過心靈環保跨領域對話學術研究，兼備佛法與世學，邁向公益與利他心思維，並於學術出版組成立《心靈環保學刊》，將心靈環保理念落實於學術研究與社會實踐，發揮社會影響力。

　　為繼往開來，本校將秉持聖嚴法師大願，廣納相關研究成果，藉由學術出版委員會規畫，持續推廣出版各式優質論文以饗讀者，提高臺灣佛教與人文社會研究之國際學術地位，並促進國際學術文化交流。

陳定銘

法鼓文理學院校長

2022 年 9 月 6 日謹誌

感謝辭

2002 至 2005 年間,我與雅各・達頓(Jacob Dalton)一起研究敦煌藏文寫本,開始萌生出版這本書的念頭。在隨後的幾年裡,我有幸能與約翰・馬克雷(John McRae)以及其他漢學家們在一起,學到許多關於中國禪宗的知識。2010 年時,我獲得英國國家學術院為期三年的資助,研究和翻譯藏文禪本。在此計畫期間,很榮幸能與直貢噶舉澈贊仁波切合作,創建藏文禪本的線上版。這在國際敦煌計畫網站上可以找到。我也有幸能與許多大英圖書館的優秀同事們一起工作,在此要特別感謝柏克哈德・奎塞爾(Burkhard Quessel)和蘇珊・惠特菲爾德(Susan Whitfield)的協助。我的前同事伊姆雷・嘉倫柏思(Imre Galambos)總是樂意回答關於中文資料的問題。最後,我想感謝香巴拉出版社的尼柯・奧迪賽奧斯(Nikko Odiseos)對本書的興趣,以及麥可・瓦科夫(Michael Wakoff)令人滿意的編潤。

傳入西藏的中國禪法

目次

寫本縮寫碼及代號

BD	中國國家圖書館館藏之敦煌寫本
D.	德格版之甘珠爾（*bka' 'gyur*）及丹珠爾 （*bstan 'gyur*）
IOL Tib J	大英圖書館館藏之敦煌藏文寫本
Or. 8210	大英圖書館館藏之敦煌中文寫本
Or. 15000	大英圖書館中亞館館藏之藏文寫本
P.c.	法國國家圖書館館藏之敦煌中文寫本
P.t.	法國國家圖書館館藏之敦煌藏文寫本
T	大正藏：中文佛教藏經

引用寫本時，r 指正面，v 指反面。編碼方法則視寫本型式而定。貝葉式活頁用 1r，1v，2r，2 v 等。摺頁式活頁則用 r1，r2，r3 等，一直到摺頁的底部；翻面後，接續為 v1，v2，v3 等。垂直卷軸則以 r 或 v 作代號加上行數，而水平卷軸則以 r1 代表第一行，r2 代表第二行，以此類推（背面則是 v1，v2 等等）。

導論

一個消失的傳統？

在西藏被否定，在中國被遺忘，傳入西藏的中國禪法幾乎已完全消失。八世紀時，鼎盛時期的吐蕃帝國邀請漢地禪師到訪，禪法便於此時首次傳入。根據傳統歷史，在西藏王室中，印度和中國的佛教徒於教義上的分歧持續擴大，西藏贊普便要求以一場正式的辯論來解決這種情況。當法諍導致印度方獲得壓倒性的勝利時，禪師便被遣送回中國了。雖然這個故事曾受到質疑，但很明顯的，禪法在西藏的影響力日益衰退，其原始文本也被完全遺忘。

這種情況一直到二十世紀初，在中國中亞地區的敦煌所發現的一個滿是古老寫本的密封洞窟才有所改觀。洞窟中的藏文寫本可以追溯至九、十世紀，使它們成為已知最早的西藏佛教資料。其中大約有五十多個寫本是僅存的原始藏文禪法文本，也是了解傳入西藏的禪法主要的資料來源。這些寫本提供了八至十世紀早期禪法傳統的樣貌，所以也可以做為研究中國、日本，及韓國禪宗的重要資料來源。再者，西藏禪法顯然曾經融入密法的元素，而發展成一個獨特的傳統，然而這個神奇的融合卻仍鮮為人知。[1]

在中亞沙漠的邊緣，從一片峭壁中開鑿出許多洞窟，這個密封洞窟便是敦煌佛教洞窟群的一部分。我們對於這個洞窟知之甚少，既不了解它為何裝滿了寫本，也不清楚它為何被封。但我們卻擁有這個歷史偶發事件的結果，那就是數以千計中

文、藏文、突厥文、梵文及其他語種的書籍,以及佛教繪畫和寺院牌匾。事實上,「圖書館洞」一詞是種誤導,因為據我們所知,這些埋藏起來的寫本,並非條理分明的圖書館藏品。除了佛教經典、註釋本和論書外,還有筆記本、採買清單、練字本、信件、合約、簡圖以及隨筆塗鴉。

因此,放入洞窟中的,並非井然有序、精挑細選過的圖書館館藏,而是這個城鎮及寺院日常生活的雜亂物品。對於過去百年來研究此洞窟文本的許多學者來說,這似乎是種困擾。但對於我們這個想要了解一個曾經存在,但卻消失無蹤之傳統的研究來說,卻是種優勢。在西藏傳統中,我們已經擁有一整套佛教大藏經,其中包括百卷以上的經典、注疏以及論文。然而藏經並無法完整表達出宗教傳統的真實日常。經典入藏的標準取決於藏經編輯與贊助者,而非日常的宗教生活。而一個宗教傳統也藉由這些「決定」來界定自身。在大藏經中,類似的文本被整合入同一個部類。這些依部類而分置的文本,在入藏經前,其實是更複雜且各具特色的。

這就是藏於敦煌洞窟之寫本的優勢所在。它們有可能如第一位拜訪石窟的歐洲人奧萊爾・斯坦因(Aurel Stein)所說的,是「神聖的垃圾」,而不是如同藏經藏書一般精挑細選井井有條,並展現出完美傳統形象的東西。在這堆混雜的舊物中,文本彼此堆疊磨擦,這是莊嚴肅穆的藏經所無法容忍的情況。也許我們可以自問自答的是:人們用這些文本來做什麼;它們的功能究竟為何?

讓我們以最早流傳下來的藏文禪法寫本為例。那是個卷軸殘片,不在敦煌,而在遙遠西方一處西藏碉堡的廢墟中。此碉堡現在以米蘭(Miran)這個突厥語名稱而為人所熟知,在九

世紀中到十世紀中時由藏人建造，用於守衛其帝國邊境。傳統上對於這個特殊物件的文本研究法，是謄錄這件禪本，在文本最後附上發現它的地點，以及它可能被撰寫的時間範圍，然後在純文本的領域中與其他類似的單篇文本進行比對。

拿到文本後，與其匆忙地離開碉堡，我們不如多待一些時間，看看由考古學家奧萊爾‧斯坦因所發現的這件卷軸旁的一些其他物件。有軍人的物品：盔甲上的皮革鱗片、一個箭鏃，及一隻羽毛箭杆。還有一些任何人都可能使用過的東西：一些皮囊、一隻梳子、一把鑰匙、一把木柄刀、一粒六邊形的骰子。然後有些用來製作寫本的物品：一隻筆尖分岔的鵝管筆和三個獸角握柄印章，用來在官方書信及契約上蓋章。這些都是陪伴最早的藏文禪本千年以上的物品，我們不應太快拆散它們。

至於碉堡內的其他寫本，大部分是吐蕃帝國不同前哨站之間的官方公報。較短的每日訊息是以細長的木片傳送，有時會用兩片，使其能以細繩綑綁再用黏土封印。當有補給品的請求時，木片會被削掉右下角做為記號，等補給品到達，便可當作收條與原本的訂單進行比對。是什麼原因使得碉堡中的物件與這些官方文書放在一起，這個問題，我們傾向透過釐清這些物件的用途來解答。這些物件背後的行為模式是什麼？骰子是用來占卜、賭博，亦或兩者皆是？這個軍人會多常需要使用到這些箭？他也用筆來速記訊息，還是碉堡中備有專門的書記官？當訊息寫好，誰把它們帶到最近的軍隊指揮部？誰又把食物及其他補給品帶回來？也許這些問題不總是能有答案，但提出這些問題，卻似乎理所當然，切合實際。

因此，如同我們想對骰子、箭和皮囊所問的問題一樣，如

果我們要對米蘭出土的禪法文本（又或是文本中摘錄出來的部分）提出問題，那會是什麼？我們會問：它是如何製作的？誰把它帶來這裡？誰使用它，目的為何？這些問題對考古學家來說，會變成更為廣泛的行為模式的問題。藉由從大型考古遺址取出的一整批物件，將它們依照彼此的關係來排放，我們就有可能釐清這些模式。這種作法讓我們不僅思考文本的意義，更加上了它的功能，也就是它原本被設定的實際用途。

因為米蘭沒有造紙設備，藏文禪卷是因為某些原因而被帶到了那裡。當然，我們可能永遠無法明白其目的，但藉由仔細觀察寫本，我們也許能找到一些線索。例如，翻過面來，我們發現背頁寫著另一篇文章，字跡較禪本凌亂些。這是個密法修持法本，說明對佛教本尊獻供以完成息、增、懷、誅四業的修持法。這些修持法對於遙遠碉堡的軍士大有助益。所以這個藏文禪本有可能只是順道攜來，而不是被帶去實際使用的。但是，它也有可能是一位在家或出家佛教徒帶去的某個修行法門的一部分。然而我們真的能從這樣的物件中，得知它們所關聯的日常修行嗎？

寫本與實修

將藏文禪法寫本視為日常社會生活中實修的重要成分，並不僅意味著要尋找描寫這些社會活動的文本。此意味著將所有文本都視為實修的一環，體現在實體寫本的特性之中。為了示範這種方法如何能有效，讓我們看看最重要且得到最廣泛研究之藏文禪法寫本──P.t. 116，一件十個不同文本的彙編。

這是一件大型且書寫優美的寫本，折疊成摺頁式的一百二

十四頁紙，寬七公分長三十公分，每頁都寫了四行字。閱讀摺頁式寫本時，會有兩頁面向自己，邊讀邊翻頁；讀到最尾端時，要把整件寫本翻轉過來，以同樣方式開始閱讀寫本背面。製作一份超過百頁的摺頁本需要很多紙張，加上對折、上膠、縫合才能完成。它在九世紀中期開始普遍，而且似乎特別受到敦煌講藏語之人的青睞。在英國和法國的收藏品中，共有約二百六十件，九成是以藏文書寫的。

　　P.t. 116 的第一及第二個文本本身不是禪本。它們是受到最多傳統喜愛的佛教經本——《普賢行願讚》（*Bzang po spyod pa'i smon lam*）和《金剛經》。可能是因為這兩部經文無所不在，使得大多數對於此寫本的研究工作，均草率地忽略了前面的一百零七個摺頁，亦即這兩部經文被納入的理由，以及抄寫者辛苦的抄寫工作，完全不被列入考慮。

　　在文本研究法中，即便是與所研究的文本比鄰而居，最直接相關的其他文本，都會在這個文本被摘錄後便被遺忘。因此大多數對於 P.t. 116 的研究都聚焦於十個文本的其中一個，很少或完全不提任何其他文本，當然更不會提到寫本開頭兩個「與禪無關」的文本。但事實上，這兩個文本對於了解此寫本非常重要，因為它們提供了寫本為何製作，以及如何使用的重要建議。《普賢行願讚》出現於寫本開端，表示它是為了使一場法會，即菩薩戒授戒儀式順利進行而製作的。菩薩戒是一系列僅出現於大乘（mahayāna）佛教的戒律，是菩薩為了一切眾生之開悟而努力的心願。菩薩戒儀式起源於印度，但在中國變得特別流行，當地大型的受戒儀式都會在專門建造的壇場舉行。

　　這些菩薩戒儀式填補了出家別解脫戒授戒儀典的不足，在

家居士及已剃度之僧尼均可受菩薩戒。另外，此戒優於出家剃度大典之處在於僅需一位上師即可授戒。這使得像是金和尚及神會這樣魅力獨具的法師，能夠使用戒壇來傳授及教導團體禪修。

八世紀間，這些授戒儀典的盛行，與自覺的禪修傳承的出現息息相關。因此，如同溫蒂・艾達麥克（Wendi Adamek）曾經說過的：「禪宗可說是在菩薩戒戒壇上產生的。」[2] 菩薩戒授戒儀式是在禪宗傳承的背景下進行的，進而納入了禪修方法的入門。壇場儀典在禪修傳承中的重要性，在敦煌寫本中也很明確。例如，早期最普遍的禪修文本之一《六祖壇經》（在敦煌寫本中發現了數個不同版本），便是以六祖惠能的授戒開示建構而成的。另外，惠能弟子神會的壇場開示也見於敦煌寫本之中。

P.t. 116 文本的編排方式如何說明授戒儀典的情境？《普賢行願讚》是以第一人稱寫成的發願文本，表達為一切眾生帶來利益及開悟的目標。這是菩薩的心願，在佛教實踐中，藉由菩薩戒受戒儀式而將之確立。《普賢行願讚》出現在此彙編文本的開端是第一個線索，顯示寫本可能是為了這一類的儀式所編纂的。發願文之後，是最普遍的闡述空性概念的作品之一，《金剛經》（在英文中稱為 *Diamond Sutra*），它說明一切事物皆依緣起，因此並無固有之本質。在這部經文中，佛陀反覆做出相對立的陳述，讚頌菩薩的功德與如來的品行，同時又否定其存在。這個方法對於自和他、存在和非存在等的二元概念是種挑戰。此種運用刻意的悖論做為教導的方法，在禪宗傳統的發展上具有舉足輕重的影響力。

《金剛經》在《壇經》中亦占有重要的一席之地，而《壇

經》是從惠能如何成為禪宗六祖的故事開始的。據說惠能在市場中聽到有人持誦《金剛經》中的一句之後，便離家尋找五祖。在敘事中，五祖對惠能解說《金剛經》進而將衣缽及法脈傳給惠能。在簡述惠能的生平之後，《壇經》便轉向惠能在授戒法會中的開示。戒儀從皈依佛、法、僧（包含出家與在家眾）開始。然後是菩薩誓願與空性法義的解說，特別提及《金剛經》。

因此，P.t. 116 的第一和第二個文本反映出傳戒開示的主題，正如我們在《壇經》所看到的主題一般：授予菩薩戒和闡述空性。而 P.t. 116 之中的其他文本也持續遵循同樣的方式，介紹禪佛教的基本主軸，即凡夫皆有悟性。而後是禪修方法教導，最後再以偈頌做結尾。這種儀典通常是需要事先妥善規畫的儀式的核心環節，預留了時間讓出家僧侶及在家居士能趕到儀典現場，前後可能持續數天或數星期，授戒之後便是閉關禪修。[3]

觀察 P.t. 116 中的其他文本以及其特別的厚度，顯示它可能不單是讓人用來從頭讀到尾的。彙編中的幾個文本原是禪師語錄集和經典的段落，其他文本則是以問答形式所撰寫的，這使得個別段落很容易被引用。這件寫本很可能是用做法會的原始資料而非一本嚴謹的儀軌。就像在不同的情境、不同的佛教形式以及其他的宗教傳統中所使用的教義問答集、經典段落和解釋之綱要。[4] 進一步細看此寫本，會發現一個線索支持此論點。有人在文本各處畫上了小十字做記號，也許就是讓人們方便運用某個特定段落的提醒。[5]

因此，我們現在可以說明為何某人，甚至是很多人要花時間和金錢來製作這個寫本，為何它被使用得如此破舊，以及為

何它值得再修復。它是為了某個目的而製作的，它有特定功用。而這個功用可以如同文本的內容一般，讓我們了解西藏禪修的實際情況。這說明了在人類的實際運作中，將寫本視為扮演積極角色之物件的價值所在。當然，文本也是這種方法的一部分，但如果我們閱讀文本時能不忽視寫本實體，那麼我們就有可能對文本的使用方式有更豐富的理解。

西方對於禪宗發生興趣的早期階段，認為禪宗不進行任何形式的儀式，現在則普遍接受這是由於當時的新教情結，以及反建制政治活動所造成的錯誤印象。事實上，就像近期一本有關禪宗儀式的書籍的編輯所說的：「禪的生活其實是無所不在的儀式生活。」[6]

當然，要喚起一個已經失去的傳統中的儀式生活並不容易。本書在提供此藏文禪本譯文的同時，我也在某種程度上，嘗試勾勒出它們曾影響過的團體，藉此對它們曾發揮影響力的生活圈更有概念。也許有必要在此稍微解釋我如何使用「儀式」一詞。正如許多人所注意到的，這個詞語用來表示各種各樣的事務。在這裡，我用此詞來表示一種特定的運作，即為了達成一個目標，以約定俗成的方式自覺地進行的一種團體活動。這種用法與「儀典」類似，而我交替地使用它們。[7]

在本書的英譯文本中，除了已經討論過的儀式與日常唱誦練習之外，我們也會關注教導的作用與對教法的學習。這也是我們從寫本中所能得知的訊息。在此脈絡下，我們會看到修行的正當性和它在傳統中的定位方式，如何成為教授師們使用的最重要的啟發方法之一。藉由這些寫本，我希望可以傳達一種感覺，即一個興起中的傳統，如何被教授師們發揚光大，通過團體儀式得到加強和擴展，藉由禪修得到內化，被贊助人護持

以及抵禦外部的威脅。

禪在中國

　　現代學術界對於十世紀末宋朝之前，並沒有禪門「宗派」這樣的結論相當一致。但是，有各種各樣的禪修團體，通常由一位大師和他的弟子們組成，教授和練習一種強調禪定（dhyāna）的方法。[8] 因此，如果要討論在這個時間點之前的禪法（包括傳入西藏的禪法），我們應該要記得將它當成是一個涵括這些不同修行法的總稱。它並不是由共用的基本特徵所組成，而是由許多相似的內涵結合而成的。這些內涵包括但不僅限於禪修指導、明心見性的教義、授予菩薩戒的儀式，以及與此相關的，大多數（雖非全部）的情況下會包括菩提達摩此一人物在內的禪宗傳承。然而，在這些西藏和中國諸傳承之中，後期發展成熟的禪宗傳統中常見的極端不受俗世規範與不合邏輯的公案，在此則不是十分明顯。

　　傳統上，禪宗在中國的歷史被描述為一個未曾中斷的傳承，它來自一個可以追溯至佛陀釋迦牟尼的單一源頭，由印度僧侶菩提達摩傳入中國，而後就像大樹一般開枝散葉，成為不同的宗派。現代學術界認為，將此傳統呈現為如同「珠串」一般的傳承，而不是我們在研究早期資料（特別是敦煌寫本）時所看到的各具特色、紛亂和多變的現象，是一種過於美化的形象。二十世紀以敦煌寫本為主要依據的著作中，日本及美國的學者已經研究過十四世紀之前的禪宗歷史發展，並形成了不同的樣貌。約翰‧馬克雷（John McRae）2003 年提出的列表便具有指標性意義：

原始禪（約在 500－600 年）
早期禪（約在 600－900 年）
中期禪（約在 750－1000 年）
宋朝禪（約在 950－1300 年）

正如馬克雷所指出的，儘管敦煌寫本的年代最晚可追溯至十一世紀初，但其中並無中期禪和宋朝禪的材料，這是個令人好奇而費解的事實。這至少顯示出，中期禪主要倡導人物的成就只限於特定的區域，而在敦煌，禪法則在幾乎不受其影響的狀況下持續發展。因此，在敦煌我們研究的是早期禪，而關於原始禪則僅見於系譜傳記中的紀錄，以及早期禪師們的傳法中。對於此事有兩個可能的解釋：地理上的和年代上的。地理上的解釋是，後來在整個禪宗傳統中具有重要影響力的活動，是始於地區性的發展，像馬祖（709－88）以及他的信徒，是從距離敦煌非常遙遠的中國東南方的江西開始的。要到很久之後，這些地區性的宗派，才對中國整體文化領域產生了影響。

第二種解釋是，當時的這種活動與其在後來的資料中所描述者並不完全相同。因此，成為宋朝禪宗典型的「機鋒對答」，雖然聲稱代表早期大師們的教法與教學風格，但如同約翰・馬克雷所說的，在這方面有可能是被誤導了：

> 這裡所說的並不是八到十世紀實際發生過的一些活動和事件，而是宋朝禪宗信徒們心中回顧那些活動和事件後的重新創造，以及他們想像中的唐朝奇人的特性。[9]

因此，如果中期禪基本上是宋朝禪宗的回顧性重建，我們就不應該在十一世紀以前的資料中看到它。我們在敦煌發現的

禪法，不必然是末流的，而是在十一世紀正統禪宗出現之前便已經存在的許多地區性禪法的其中一種。在中國和西藏都不存在「禪門」，而且有著各種不同禪修傳承的情況下，將注意力轉向地區，以避免在此提到禪法時，將其描繪成一個與時序史料不一致的單一實體。

早期禪的歷史素描是從菩提達摩開始的，他在史料中的隱諱不明恰可與他在禪宗傳承裡栩栩如生的形象互相呼應。六世紀時，菩提達摩的信眾和他中國弟子惠可所倡導的文本，《二入四行論》，強調真性展現在一切含生的意識之中（「理入」），也簡要地介紹如何修行（「行入」）。基本上，這個文本所要求的修行形式，是除去修行的概念，亦即「縱修六度，修而無修」。

在下一個世紀裡，禪傳承以體現《二入四行論》的教法為基礎，在鄉村地區如黃梅的「東山」蓬勃發展。東山僧侶們的著作更加詳盡地細描述了禪修法，包括「看心」之法。[10] 七世紀將結束時，東山法門的傳人之一僧侶神秀（606？－706）應女皇武則天（690－705 在位）之邀至首都，這代表了禪法成為中國佛教主力的開端。神秀在皇朝的兩個首都洛陽及長安傳法，是一位頗具影響力的禪師及作者，他的許多徒弟也都是舉足輕重的人物。

當禪門僧人有更多機會能號召學生及財力雄厚的護持者時，禪法就變得更為普遍與多樣化。八世紀時，在（現在的）四川省出現了新的禪師與弟子團體。禪法在王室與寺院之外的普及，與大規模在家居士的受戒典禮有關，由於將個人自性的本質等同於完全開悟的如來，因此典禮中同時會授予菩薩戒（菩薩乘，普願救度一切眾生）。這些授戒典禮是在壇場舉行

的，而且經常包含像神會和無住那樣具有個人魅力且言詞激進
的禪師開示。神會以他的開示直接批評德高望重的對手如神秀
的弟子，且幾無忌憚地批判了各種形式的禪修。相反的，無住
迴避了所有與禪修無關的宗教活動。因此，到了八世紀末，禪
法在中國傳揚開來，甚至傳入了西藏，但尚未形成一個一統的
傳統。[11]

　　敦煌禪法寫本（包含藏文和中文）呈現出九世紀到十世紀
之間，一種包羅萬象且正逐步發展中的狀況，其中大部分寫本
目前已消失了。菩提達摩在這些寫本中是禪師系譜裡的重要人
物；但並非總被視為初祖。而且在一份系譜文本中，他完全未
被提及。禪師教法文集中，也不一定都會提及菩提達摩。這些
禪師主要出自第七與第八兩個世紀，其中有些於後世禪宗傳統
中廣為人知，也有許多從此消聲匿跡。雖然寫本主要來自第九
與第十世紀，但卻被這些第七與第八世紀的禪師（或至少是後
世所描述的他們）所主導；因此，經由這些大師的形象和題名
為他們的教法，我們似乎見到一個自我界定過程中的禪宗傳
統。

　　在敦煌的中文及藏文兩種資料當中有位關鍵人物，那就是
被稱為摩訶衍的禪師。他傳法於八世紀下半葉，是神會對過往
的禪修法進行論戰之後的一代人。摩訶衍流傳下來的教法，明
顯地想要融合前輩們所教授的禪修法與神會的非制式修行的言
論。摩訶衍曾師從為神會所批評的禪師之一的降魔藏，可能也
曾經是神會的弟子。但摩訶衍試圖兼顧漸修禪法與佛性本具，
只是被遮掩之頓入法的理想，為其同輩所認同。在八世紀末盛
行的牛頭宗就曾著書彌平漸、頓法門之間的明顯差異，包括
《壇經》及《絕觀論》（後者在一件敦煌寫本的藏譯本中流

傳了下來）。[12]

　　因此，對於八世紀末的禪師來說，摩訶衍的教法似乎是常見的。他的著作巧妙地平衡論述了教授禪修法，以及佛性與凡夫之覺性平等無別的普世觀點。他後來被中國的傳統所遺忘。但對於藏人來說，由於幾個反常的歷史事件，讓他成為禪法，甚至整個中國佛教唯一的代言人。

禪在西藏

　　八世紀下半葉到九世紀上半葉，佛教被西藏採納為國教，而禪師似乎曾在藏人與佛教融合的期間發揮了一定的作用。不幸的是，我們並沒有源自當時的記載來確認此事。禪師在帝國時期的活動歷史紀錄，僅出現在一部編寫於很久以後，可能是十一至十二世紀的作品中。這個敘事被稱為《巴協》（Dba' bzhed），因其頌揚了將佛教帶入西藏的氏族而得名。《巴協》的作用，是創造一個西藏佛教的起源敘事，同時於敘事中，賦予巴氏族一個最重要的角色。有鑑於此，再加上我們所擁有的文本是在它所描述之事件數個世紀以後的事實，顯見《巴協》並不是這個事件的可靠資料來源。在一件早期的敦煌殘片所記載的《巴協》之中的一個故事，顯示出它在幾個世紀間被修改的程度。[13]

　　雖然《巴協》之中的故事並不能被視為可靠的歷史資料來源，但將它所記載的有關中國禪師的故事與寫本一起閱讀，卻饒富趣味。在早期最完整的《巴協》版本中，所有的這些故事都發生於赤松德贊的在位期間。他擴張吐蕃帝國疆域，因而成為西藏最成功的統治者之一。《巴協》幾乎沒有談到任何與他

相關的政治活動，僅著墨於他讓佛教成為西藏國教的創始人的
角色。赤松德贊在位初期，許多位高權重的氏族領導人並不歡
迎佛教，導致佛教在西藏陷入低潮。赤松德贊執掌大權後，部
分原因是為了向他們挑釁才轉而支持佛教。在《巴協》中，赤
松德贊繼位初期，為接受佛教而面臨的挑戰，可由一位被驅離
小昭寺的中國僧侶為代表。而當時該漢僧留下了一隻草鞋，預
示他會再回來。

多年之後，當赤松德贊想在西藏建造一座大型寺院時，他
邀請印度學問僧寂護（Śāntarakṣīta）入藏。然而，由於當地神
祇引起的一些問題無法成功建寺，寂護也被遣送回國。另一方
面，有三名藏人被派到中國去尋找一位漢地大師。故事中說，
他們遇見了一位名為金和尚的僧人。金和尚曾給予他們一些指
示。他們也去覲見了中國皇帝，中國皇帝則給予他們一個關於
藏王之佛教活動的預言。無論這些會面是否為真，有趣的是韓
國大師金和尚出現於此，因為他並未見於其他西藏的記述。但
即使是在我們所擁有的最早期的《巴協》版本中，對於他的引
述仍極度含糊不清。但是，他明確地出現在敦煌寫本當中，我
們稍後會再看到。

在《巴協》中出現的最後一位漢地大師最為重要。藏人稱
他為和尚摩訶衍（和尚是中文「僧侶」的意思，但藏人使用此
詞來代表所有的「漢地僧侶」）。摩訶衍在西藏王室很受歡
迎，但卻為藏王帶來新的問題，因為外來的佛法大師與他們西
藏弟子的不同團體之間，緊張關係持續升溫。根據《巴協》的
說法，印度法師傳授漸法，也就是在邁向開悟的過程中，仔細
鋪陳顯密教義；中國禪師則強調結果而非路徑，以及一種直接
證入空性的禪修，而不須採用印度法師所提供的多種方法。

當印度、中國兩大陣營之間的緊張關係有可能爆發為暴力衝突，再加上一些禪修的弟子自殘抗議且威脅要自殺，赤松德贊提出以一場正式的辯論來解決這種情況。這場辯論將決定哪個國籍，以及何種教法從此受到王室支持，何者會被西藏禁止。印度方選擇了蓮花戒，他是印度佛教經院哲學家以及漸悟教法的重要領軍人物。中國系統方面則選擇了摩訶衍。在《巴協》之中的法諍事件，顯然是從其他資料建構而成的。它從一篇摩訶衍的短論開始，那是早期禪法的片面說詞，僅陳述了內在真如本性的直接顯現，但省略了如何以修行來證知的論述。這份簡短的陳述帶出了隨後摘錄自蓮花戒有關漸修正當性的數頁長篇大論。摩訶衍一直到這些論述結束才再出現，承認了失敗。

在《巴協》中，摩訶衍的失敗導致赤松德贊全力支持漸修以及教授漸修法的印度學問僧。此事件之後，緊接著就是成立譯場，將全部佛教經典翻譯成藏文。這樣的銜接方式表示法諍事件的主要作用，是賦予翻譯大部分藏文佛典的印度法師和他們西藏弟子充分的真實性。之後的《巴協》版本以及其他宗教歷史文獻，也運用此法諍事件來證明印度是唯一有效的佛教經典來源。而中國則是有疑慮的，因為它與摩訶衍的「頓入」法有關。[14]

如同我們已經提到過的，若認為《巴協》當中的這個故事具有任何文獻價值，未免過於天真。雖然它在西藏得到廣泛地認同，於其他早期西藏歷史文獻中卻並未見到。而且當它開始出現於其他著作中時，《巴協》顯然是唯一的資料來源。此外，這個故事在藏人的宗教生活中也開始發揮作用。除了證明從印度傳入西藏的新傳承，是出自佛教唯一的真正源頭外，它

還有助於確認依教法修行的重要性，對抗那些強調直接進入真如自性的修行者。因此，這場法諍故事最終在西藏的成功，很大程度來自於它在隨後數百年間的用途。[15]

　　但這不表示從未有過爭議。1951 年，法國漢學家保羅・戴密微（Paul Demiéville）出版了一本書，以一件敦煌寫本：P.c. 4646 為基礎。這是一本中文禪法文本選集，其中包括了一篇名為《頓悟大乘正理決》的文章。這篇文章是由一系列禪法教義問答所組成，加上摩訶衍的弟子王錫所撰寫的〈敘〉，解釋這些問答的背景。王錫講述摩訶衍如何受邀至西藏王室，在那裡他「密授禪門」予貴族。摩訶衍似乎是在王室女性成員中最為成功。據說其中一位皇后受戒出家，藏王的姨母及其他三十多位女性也皈依了佛教。他離開西藏後，在西藏王室的印度法師向赤松德贊抱怨漢地佛法並非正確之佛道。與《巴協》西藏法諍敘事相反的是，這並未導致西藏舉辦唯一一場辯論會，而似乎是一連串的信件往來。由印度法師提出問題，而摩訶衍回信答問。另一個與後來藏文版的主要差異在於，王錫之〈敘〉的結論是，藏王下詔證實摩訶衍之教法為正統的佛教修行法。[16]

　　王錫編纂的問答以及他所作的〈敘〉，一定是在九世紀前半葉完成的。比最早的《巴協》版本還早了至少兩個世紀。因此對比於藏文版，王錫版至少具有時間上的優勢。然而王錫版仍無法被認為是無可挑剔的文獻證明。那些應該代表印度法師和摩訶衍之間往來問答的信件，看起來卻與禪法寫本中，其他許多問答文本非常相似。它們與敵對的辯論毫不相干，卻完全像是要將禪法呈現給某位虔誠信徒一般。王錫文本之中的問題，通常是為摩訶衍的回答而準備，就如同西藏版的法諍中，

摩訶衍的簡短主張是為對方的長篇駁斥所做的鋪陳。然而，摩訶衍的弟子們所陳述的，一個禪師在藏王的諭令下（儘管並非是在一場正式的辯論中）捍衛自己的教法，這可能相當接近事實，而且肯定較後來的西藏版本更接近。

九世紀早期寺院圖書館收藏的記載顯示，在西藏王室中，禪法是廣為人知，但影響力相對較小的佛教型態。因為那些圖書館僅抄錄了極少量的禪法寫本，其中包括了託名菩提達摩的〈禪書〉（*Bsam gtan gi yi ge*）。[17] 十世紀初，當努・桑傑耶謝（Gnubs Sangs rgyas ye shes）寫下他的《禪定目炬》（*Bsam gtan mig sgron*）時，中國禪法對西藏佛教徒而言似乎仍是不可忽視的。《禪定目炬》是少數經歷吐蕃帝國瓦解後的動亂時期仍留存下來的著作。在此書中，禪法「頓門」被接受為真正的佛法，但在開悟四法：漸門、頓門、密續大瑜伽修行，以及阿底瑜伽無相法門的排序中，僅位列第二。桑傑耶謝特別在意藏人將禪法和阿底瑜伽混為一談，我們將會在後面的敦煌寫本中得到證明。

無論如何，包括敦煌寫本以及中央西藏佛教徒，如桑傑耶謝之著作等多個資料來源，都強有力地說明了禪法並未如後來的法諍故事中所聲稱的，在九世紀末便被藏人徹底拋棄。我們在接下來的段落中將看到來自敦煌的證據顯示，西藏禪法傳承直到十世紀仍然蓬勃發展。它們在十一世紀依舊活躍，據說安多的大師阿若・益西瓊聶（A ro Ye shes byung-gnas）便持有兩個傳承，中國及印度各一。而禪本的內容在十二世紀仍為人所知。娘列・寧瑪維瑟（Nyang ral Nyi ma 'od zer）就在他的西藏佛教史中談論了數本重要的禪法著作。

我們僅有少數不夠明確的歷史資料，以至於我們無法為禪

法在西藏的衰亡說出任何確定的理由。然而，我認為多半是因為西藏佛教「後弘期」的壓力（十一世紀之後從印度引進新的佛法傳承，由極具影響力的大師及作者如薩迦班智達等人為代表），導致中國禪法在西藏的衰頹，最終消失於無形。以印度傳承為基礎的新譯（*gsar ma*）派，於宣揚印度為唯一正統佛法之來源時，通常相當激進。在這樣的環境下，保有中國傳承之人便越發難以維護自己的權威。然而，禪本與禪修似乎仍持續傳播。直到十三世紀，薩迦派大師袞邦‧卻扎貝桑波（Kun spangs Chos grags dpal bzang po）仍在傳授禪法。而且一直到十七世紀，歷史學家多羅那他（Ta ra na tha）還讀到一本藏文禪法著作——《八十真實經》（*Mdo sde brgyad bcu khungs*）。但這些似乎都是少數的特例，離中國禪法在西藏宗教界占有一席之地的時間，已經過去很久了。[18]

禪在敦煌

　　無庸置疑的，無論是首都長安（唐朝）和開封（宋朝）或者洛陽，這些佛寺眾多的中國權力中心與敦煌的距離都非常遙遠。亨里‧索倫生（Henrik Sørensen）認為，在敦煌發現的禪法與後來資料告訴我們的九、十世紀中國都城的禪法之間的差異，是由於敦煌和這些城市的距離，以及八世紀末敦煌被西藏軍隊征服之後的政治孤立所致。[19]

　　然而，孤立之說可能有些言過其實。九世紀中西藏失去敦煌的控制權以後，漢地僧侶就經常往來於敦煌與中國的首都之間。我們可以悟真（816－95）[*1] 為例，他曾為面見皇帝而前往長安，觀見完畢便立即返回。我認為我們應將敦煌寫本視為

地區性禪法傳承的一部分，一個可能有著獨特之處的傳承。但我們也應將「所有」禪法傳統均視為是地區性的。如果曾在中國不同地點，發現同時期其他寫本的藏身處，那麼敦煌寫本的地區性就會更加明顯。而它們的內容有別於之後的傳統所描述的禪宗，似乎也就不足為奇了。同時，學者們在將敦煌寫本當成「唐朝禪」的直接資料來源時可能也會更加謹慎，這不是壞事。[20]

由於僅有極少數敦煌禪法寫本清楚標明日期，因此，要確認它們的著作時間極為困難。上山大峻認為寫本有三種年代：（i）大約 750 至 780 年的中文寫本，若非從直接來自中原，便是由漢地輸入紙張所寫。（ii）大約 780 至 850 年，西藏占領期間的中文及藏文寫本，以當地製造的紙張所寫。以及（iii）九世紀末及十世紀的中文寫本，書寫於本地紙張上。這種年代的歸類事實上僅與中文寫本有關。西藏的占領切斷了唐朝途經中亞的貿易路線，可能也阻斷了來自中原寫本的流通。但即使在吐蕃帝國敗退，本地漢人統治者重新征服敦煌及周邊區域之後，情況仍未恢復至藏人占領前的樣子，因為當時的唐朝已嚴重衰弱，最終在十世紀初滅亡。[21]

然而，上山的列表是對藏文禪法寫本的一種錯誤看法。就像之前大多數關於西藏禪法的研究一樣，他假設寫本的年代是在西藏占領敦煌期間，但現在許多敦煌藏文資料都被確認是在占領結束之後。事實上，正如我們前面所說，西藏禪法一直延續到十世紀以後。鑒於敦煌藏文禪法寫本與大多數中文寫本均來自同一時期，也就是九世紀及十世紀，而且也都是在當地製造的，因此我們不應將藏文及中文的禪法視為兩種不同的傳統，而只是以兩種不同語言所呈現的禪修法。

　　因此，是誰在敦煌修習禪法？當時尚未有禪宗道場，所以那裡和中國其他地方一樣，禪法是在佛教寺廟中與其他法門一起傳授與修習的。[22] 當我們將這些都列入考慮時，就不會對於在許多寫本中同時見到禪本與其他傳統的文本，以及一些文本似乎將禪法與其他傳統混為一談而大感意外。與其認為這是禪法的「混搭」或「融合」的現象，還不如認為在當時這些禪本並未自成一格，與其他類型的文本並無區別，因此它仍不足以獨立為一個禪宗傳統。

　　敦煌洞窟共有約三百件寫本為中文禪本，約五十多件為藏文禪本，這些文本所涵蓋的範圍很類似：[23]

1. 疑偽經以及註釋本。這些被認為是禪修團體所寫的經本，有些還從中文翻譯成了藏文。

2. 問答形式的禪法文本，其回答通常會引經據典，詳細說明並捍衛禪法立場。有些文章看來比較像是對話錄，更類似後來禪宗傳統的「機鋒對答文本」。

3. 討論禪法教學和修習之法，或詳細說明頓法與漸法差異的文章。這些文章有時會標明作者，有時不會。

4. 禪法大師們的簡短語錄，通常會收錄成幾位大師的語錄選集。

5. 某個傳承中禪師的傳記，經常包含上述 2、3、4 點的性質。

6. 關於見性後的偈頌。[24]

　　上述關於不要將文本從它們的上下文單獨摘錄的論點，應該有助於我們理解，這樣的分類法確有其用處。但如果我們不直接回到這些文本被摘錄的原文中，就會產生誤解。當我們回到原寫本，第一件要注意的事情是，這些文本很少被單獨抄錄

成寫本；它們通常會被抄錄和使用為某件文本彙編的一部分。因此，我們也應該注意到，那些本身通常不被視為是「禪本」的文本，在這些彙編中肯定是禪本。例如《金剛經》（在 P.t. 116），它既是佛教修行的一般解說（在 IOL Tib J 709），也是佛教哲學見解的專門論述（在 IOL Tib J 121）*2。有件很引人注目的中文綜合寫本 Or. 8210/S. 4037，就包含了禪法素材，以及念誦經文後所唱誦的迴向功德文、一段讚頌《法華經》的頌詞、適用於不同場合的多個咒語等。而在另一面竟是當地居士佛教組織的公告。像這樣的文本組合，說明了類型的區分與人們實際的生活與修行沒有多大關係。25

因此，一份有助於我們了解文本功能的另一種清單，應該是一份寫本使用清單。下面是一份敦煌佛教寫本用途的不完整清單：

→團體入門儀式，如同先前關於 P.t. 116 的討論

→教學，針對小團體或稍大一些的群聚場合，如入門儀式

→為了各種普世需求而進行的儀式（如醫藥、喪禮、占卜）

→經典和其他文本的日常念誦或修習法，個別或團體均可

→學生的筆記和練字本

→溝通的輔助用品，如難字彙編及常用語手冊

→法會活動的「收據」，如贊助複製經典等

→護身符和辟邪物

→古文物的收藏

大部分中文禪法寫本是以草書，甚至有些難以辨識的字跡所抄寫的，且經常出現錯誤。這表示它們並不像許多佛教經典文本一般，是由專業的抄寫員為功德主所製作的。相反的，大多數禪法寫本似乎更像是弟子和法師們為了上述清單中所列舉

的許多功能而製作的。我們也許可以經由更仔細地觀察藏文寫本的書寫風格，獲得進一步的了解。在其他文章中，我曾嘗試把吐蕃帝國時期（也就是一直到九世紀中）最常見的藏文寫本書寫風格予以分門別類，並與後期（九世紀中到十世紀）寫本的風格做比較。某些書寫風格伴隨其他古體的特徵，使我們能將那些並未標明日期的寫本定位於該早期年代之中。其他風格只在後期發現，有些甚至具有敦煌寫本的最後階段，也就是十世紀末到十一世紀初的特點。[26]

藏文禪法寫本的書寫品質變化較大。小心翼翼且書寫整齊的寫本，像是 P.t. 116 和 IOL Tib J 710，顯然與隨性書寫的 P.t. 121 來自不同的情境。前二者應該是做為讓人信受奉行之物（這與它們被使用於實際儀式之中並不衝突），而後者則可能是弟子透過聽寫，或其他書面模式所抄錄的私人手抄本。[27]有時候也可以經由辨認出特殊的筆跡，讓我們看到書寫禪法寫本的某位抄寫員所寫下的不同種類的文本。這提醒了我們，「禪本」的類別是一種人為的，甚至有些武斷的，對於寫本所劃定出的界線，而那些與製造和使用這些寫本相關的人，同時也製造和使用許多其他種類的佛教寫本。

值得思考的是，我們所考慮的這些功能是否與寫本獨特的實體形式有關。功能和實體形式之間的關係，雖然很少在文本研究中討論，但對考古學卻非常重要。若沒有文本，人類的習俗就只能從物件來推論。這種對於寫本實體的關注，也能幫助我們了解文本的製造工藝。就像這個例子：「工藝品的機械屬性增進或限縮了它們在特定實修中的功能。」[28]用不那麼技術性的語彙來說，在東西的設計和人們運用它們的方式之間，定有一個彼此「吻合」之處。

　　思考這個問題的有效方式是「預設用途」的概念。某件物品的預設用途，是指它讓人們藉由它來實現的事情。長度適中的細長物體可以用來揮舞，邊緣鋒利的硬物可以用來削切，可握之硬物能用來投擲，細長有彈性之物能用來綑綁等等。當物件是為了愈來愈具體的目的而設計的，它們的預設用途也會變得更為具體。因此，「預設用途」包括了人和物、社會和它的工藝品。為了了解文本的實際用途，我們可以從它們所提供的活動類型來觀察寫本的物理特徵。[29]

　　多數敦煌藏文寫本是卷軸、貝葉（鬆散的棕櫚葉式活頁）、摺頁（這種摺頁形式又被稱為 leporello）或線裝手冊。讓我們想想哪種形式的作品最適合在開示或入門儀式中使用。像 P.t. 116 這樣包含了數個為了在法會之中使用而按照特定順序編排的文本，選擇摺頁就有一定的優勢。若使用活頁式的貝葉容易搞混，摺頁則能保持頁面以及文本井然有序。即使想要引用材料，或對資料做重點摘要，那麼清楚知道自己正處於儀式中的哪個階段就很重要。

　　個人的讀誦練習又是如何？如果是坐在放置文本、卷軸、貝葉或摺頁的支架前，不會有任何問題。卷軸在收放之間，需要最多手的動作，而貝葉和摺頁只需每兩頁翻動一次即可。在誦讀的目的下，貝葉可能提供了最佳的預設用途，因為活頁本就平整。若要做筆記或其他臨時的寫字練習，小手冊或小摺頁寫本容易攜帶，方便查閱內容，或站或坐時，即使沒有地方把書本放下，也將可以將它們握在手中。然而，對於那些站、坐於手抄本支架前之人，小手冊比較不方便，因為它們較不平整，而且需要更頻繁的翻動頁面。其他用途則可能與不同的形式連結，例如護身符通常採用小紙片的形式，紙片上寫有宗教

經文或咒語。

　　對某些人來說，這類的細節似乎多此一舉，但這些小範圍的活動：閱讀、教學、做筆記、表演儀式等的實際運作是生活的型態，正是這些生活型態賦予了文本生命。文本僅在成為個別寫本的實際內容時才能發揮功用，也唯有透過所有的人類和工藝品以及相關的實際運作，我們才能最完整的了解他們。

原註

1　雖然 *Zen*[*3] 是日文，但在本書中，我將它當成一種通用的名稱，用於中文、藏文、日文、韓文及其他語文的共同傳統之中。*Zen* 是「禪」的日語發音，這個字首先使用於中國，是梵文 *dhyāna* 的音譯。若要更為精確，應該在中國傳統中使用禪（*Chan*），在韓國使用 *Son*，而藏人則使用他們梵文的翻譯為 *Samten*（*bsam brtan*）。然而，為了單純起見，在此處跨語區地使用 *Zen*。需要注意的是，還有突厥文及西夏文的禪本流傳了下來，這些文本雖仍未被深入研究，但可以參見 Zieme 2012 及 Solonin 2000。另外，*Zen* 這個單一詞語的使用，不應被視為有個跨越時空絲毫不變的傳統存在。

2　Adamek 2011, 33。關於在中國與禪傳承有關的戒律儀式之歷史發展的詳細討論，也見 Adamek 2007。

3　《壇經》最經典的英譯與研究，當屬 Yampolsky 1967。但《壇經》歷史發展最經典的分析，則是柳田聖山 1967。柳田聖山認為《壇經》文本的精髓，包括了無相戒的授予、隨後的禪修指示（sections 20-30），以及系譜（section 51）三者。他認為原始文本的作者是八世紀的吳興法海。見 McRae 1993 對於柳田聖山所做研究之英文摘要。另見 Anderl 2013，關於敦煌寫本中不同《壇經》版本之研究。Anderl 認為「壇經」一詞原是指《金剛經》，之所以稱為壇經，乃是因為它在禪修戒壇儀式中的關鍵作用所致。神會的壇場開示被翻譯於 Liebenthal 1953。日本最澄（767－822）和圓仁（793－864）所編的目錄中，也包括了一系列與這些壇場儀式有關的文本，裡面有菩薩戒以及相關的經

書和禪法文本（見 Lin 2011, 42-53）。法會的程期在 Adamek 2007, 197-204（其中包括宗密對於此議題的一段文章）中討論過。《曆代法寶記》中提到，一次簡短的受戒閉關「只經三日三夜」（Adamek 2007, 348）。

4 巴利藏經中的文本口傳背景的研究，無論是在口傳起源，或在後來傳統中做為開示資料上皆相當進步。見 Langer 2013 關於這些研究的概述，以及在斯里蘭卡佛教傳統中，開示之實際運作面的研究。除了基督教文化中的許多教義問答著作之外，我們也可以比較巴勒斯坦安提奧朱（Antiochus）的《聖經全書》（*Pandects of Holy Scripture*）以及伊拉斯慕士（Erasmus）的解釋在它們被用作布道參考書時的差別。

5 這種用於授課或儀軌的記號，在敦煌中文寫本中相當普遍（見 Mair 1981），但先前在藏文寫本中並未發現過。Anderl 2013, 169 曾討論過《壇經》寫本中「重點記號」的存在。Barrett 2005, 116 曾提到《壇經》更進一步的作用是在禪傳承中，擁有實體寫本就是被接納為會員的證明。

6 Wright 2008, 4.

7 關於「儀式」意義的綜合研究，見 Lin 2011 之導論。

8 McRae 2003, 11-21。在目前這個關於中國禪法的章節中，我使用 Chan 這個字，因為這是 McRae 以及其他作者們的共同用法，他們在此處被廣泛地引用。

9 同上，19。

10 在題名弘忍（601－774）所寫的《修心要論》之中，但《修心要論》很可能是他的弟子們所寫的。

11 神會將自己定位為「南宗」禪，而將神秀的弟子稱為「北

宗」。這有部分是出於他的自我定位，儘管被一些近代學者所使用，認為這代表了實際的歷史宗派，但這樣的區分仍應被謹慎看待。關於無住和四川禪法，見 Adamek 2007。

12 McRae 2003, 56-60.

13 見 van Schaik, Iwao 2008。

14 這是 Bretfeld 2004 的看法。

15 見 Jackson 1994。

16 Demiéville 1952.

17 〈禪書〉被收錄在《丹噶目錄》（*Ldan dkar ma*）（Lalou 1953, 333-34）中。其他《丹噶目錄》及《旁塘目錄》（*'Phang thang ma*）之中的禪本，在 Faber 1985, 49-50 中討論過。

18 見 Kapstein 2000, 75-78。關於岡波巴及弟子教法中的禪元素，以及 Stearns 1996, 149n78 對於袞邦（Kun spangs）的禪法和多羅那他對《八十真實經》評語的討論。多羅那他假設《八十真實經》是摩訶衍的著作，這是西藏的普遍趨勢。由於禪法在西藏影響力日益衰退，故將所有禪本均託名於唯一在西藏知名的禪法大師。另見 Meinert 2006。

19 Sørensen 1989, 135.

20 關於此素材的大部分研究工作，已由 Victor Mair 完成（例如 Mair 1981, 1983）。關於敦煌常見的中文文獻摘要，見 Schmid 2001。

21 Ueyama 1982, 88-121.

22 在 P.c. 2292 的底頁，罕見的發現了一個禪宗道場名稱，標示年代為 947 年；然而，該寺院是在四川（見 Mair 1981,

11）。*4 還有一些自稱為「禪僧」的僧人案例，譬如於
P.c. 3051 之中。

23　最完整的中文禪法寫本目錄是柳田聖山 1974。最完整的
藏文禪法寫本目錄是 van Schaik 2014。

24　有一份比較偏向中文寫本的類似清單，在 Sørensen 1989,
118-20。

25　另一件有助於了解禪法修行和儀式用途的寫本，是其中包
含一篇名為〈十二時頌〉（見 Jao and Demiéville 1971）*5
的寫本。

26　見 van Schaik 2013。

27　在別處我曾表示，像這樣的寫本顯示出聽寫紀錄的特徵；
見 van Schaik 2007。

28　Jones 2004, 335.

29　預設用途的概念是由 James Gibson 1979 所發展出來的。
後來 Donald Norman 1988 在預設用途的概念之上，又發展
出「設計心理學」，特別將其應用至人類製造的具有設計
特色的物件，如：門。預設用途的概念被 Tim Ingold 2000
賦予了更寬廣的歷史面及文化面的應用。

譯註

*1　悟真姓唐，他是敦煌僧人吳洪辯的弟子。洪辯在莫高窟所
開禪室，為敦煌第 17 窟，17 窟既是洪辯的禪室，也是舉
世聞名的藏經洞所在。洪辯在中國收回敦煌一事上，扮演
了重要的角色，他派遣弟子悟真前去面見皇帝，正是為了
報告敦煌軍情。

*2　在這三件寫本中，僅有 P.t. 116 抄錄了全本《金剛經》，
　　另外兩件寫本則僅在文中引用部分段落。

*3　譯者於本書中視前後文脈，將 *Zen* 譯為禪宗、禪法、禪修
　　或禪門。

*4　P.c. 2292 底頁標註之時間為廣政十一年八月九日，廣政是
　　後蜀後主的年號，而十一年八月應是西元 948 年，見法鼓
　　文理學院圖書館之佛學規範資料庫
　　（http://authority.dila.edu.tw/）中之時間規範資料庫。所標
　　註之寺院是四川的靜真禪院。

*5　這是饒宗頤先生與 Demiéville 合著的一本中法雙語書，名
　　為《敦煌曲》，裡面提到的文章，應是《景德傳燈錄》卷
　　29〈寶誌和尚十二時頌〉（CBETA 2019.Q4, T51, no.
　　2076, p. 450a17）。

第一章　緣起

無相戒

　　正如我們在導論中所看到的，最大件的藏文禪法彙本是P.t. 116。這件摺頁式的寫本開頭是兩部佛典——《普賢行願讚》和《金剛經》。這兩部經文後，是一篇極為簡短的關於大乘與其他諸乘差別的概述，這是藏文禪本中常見的主題，以及一段短文，解釋正「見（*lta ba*）」（教義的專有名詞）是一切法平等。這篇短文之後是寫本的核心，也就是三篇真正的禪本。第一篇為〈無所得一法論〉（*Dmyigs su myed pa tshul gcig pa'i gzhung*），這實際上是經文的彙編，而其中的第一部分即是本章的譯文。接下來是十八位禪師的語錄彙編，以及一篇常見的中文禪本的翻譯，它本身也是敦煌寫本之一。[*1] 最後以兩篇短文完成此彙本，即一篇討論禪修中可能發生的問題與解決之道，以及一首關於法界的偈頌。[1]

　　由 P.t. 116 之文本性質和排列順序，以及它被謹慎地使用與修補的事實，說明了其功能應與包含菩薩戒授戒儀式在內之禪修入門儀式有關。我們應該在這樣的背景脈絡下，來讀〈無所得一法論〉（以下簡稱〈一法〉）。這種儀式在《壇經》之中也有描述，《壇經》將菩薩戒與禪法無分別的理念（在很大程度上借鑒了《金剛經》）合而為一，稱之為「無相戒」。

　　〈一法〉中的第六及第十五個問題，對於此文本及寫本的功能是授予無相戒這事實，也提供了線索。第六題涉及對「初發心後即頓入無分別定之修習，殊屬不當」的疑慮。第十五題

則主張「倘若先以分別念發心，最終可成就無分別」。發（菩提）心是菩薩戒最重要的修持，在此一禪門戒儀中，這兩個問題意味著發心之後，要立即進入在其他許多禪本中都描述過的無分別禪修。[2]

綜合文集與可動式文本

〈一法〉是由三個部分所組成：（i）十五個問答，這些問答引經據典地答覆那些執著於實法（dngos po）及名相（sgra）之人的疑問；（ii）二十一個以無分別為背景的佛法概念問答，同樣也引經據典；（iii）數位禪師教法的梗概。[3]

除了〈一法〉的其他抄本之外，還有其他非常類似的問答集明顯與其重複。一篇保存於藏文佛典之中，被認為是印度著名譯師無垢友（Vimalamitra）所著的文本，《頓入無分別修習義》（Rnam par mi rtog pa'i bsgom don）[*2]，就包含了一些非常相似的問題以及相應的類似經典引文。它們的順序通常相同，但在引文之間會有不同的論述。這些相似性令某一文本看來像是另一個文本的部分重組。然而，仍可發現許多相似卻不相同的問答寫本（如 P.t. 821），使得新文本看起來是現有問答集重組的結果。因此，沒有任何一個現存文本可以被認為是原創。[4]

這些綜合禪本包含了可轉換的元素，這些元素在其他文章的結構中也能看到。依據其性質，我們將其中一些可轉換的元素稱為「文本」，另一些稱為「文本的一部分」。「互文性」似乎是為這種情況量身打造的術語。在這裡我們無法論及「作者」，而只能說是不同文本以不同方式編排的經典引文問答

庫。[5] 這些引文似乎也曾經單獨流通過，它們也可能曾是實際教學的基本單元。這些文本都是綜合文集，是以可供互相嵌套的部分所組成的，這些部分可能在其他地方以其他組合形式出現。例如〈一法〉便是在幾本綜合文集中都曾見到過的文本，但它本身包括三個段落，每個段落都由不同的部分所組成（問答或祖師語錄）。整篇文章、個別段落和個別部分都在別的作品中出現過。因此，對我們來說，文本的界線很難確定，這表示「文本」不必然是此處最適用的概念。也許文本獨立的界線並不是編撰寫本時最重要的考量，重要的任務反而是把適合某種目的的材料收集在一起。

此處必須認清的重要情況是，教授師及弟子們很少從頭到尾使用某一經本（而且經文愈長，情況愈是如此）；取而代之的是使用從經書摘錄的小範圍選文。就像在其他文化中流行的文集彙編一般，即便這些寫本透露了更多在日常生活中被使用的方式，卻往往由於人們偏愛研究完整的（佛典）經文而被忽略。[6] 如我在導論中指出的，P.t. 116 文本編排的方式可能是依照（或者說是決定了）入門儀式的順序，但那不代表每篇文本都會被完整地誦讀。反之，在儀式進行的過程中它們可能會被當成參考資料來引用。那些零星見到的標記，通常在文句開頭處畫（＋）的，應該就是某位法師摘錄了文本的部分段落，以便於開示時使用。

問題與答案

如果〈一法〉在 P.t. 116 這個大架構中的功能，是做為禪門戒儀的開示參考材料，那麼將它編排成問答的方式似乎恰如

其分。問答的形式歷史悠久，在印度佛教文獻以及佛教傳入中國之前的文本中均有先例。總的來說，提出問題並給予回答是有助於編輯材料的方法。就〈一法〉而言，許多問題表達了懷疑或批評，再以經典引文來回答，說明了更廣泛的涵義。該文本介定同時捍衛了一種修行方法，表明它所呈現的是一種與眾不同，或至少對其受眾是新的，並能為之釋疑的方式。因此，它非常適合在一種新修行的入門儀式中使用。在開示中引用此文本，目的是引導受眾了解這個體系的理念。[7]

〈一法〉第一個部分的十五個問題全部以「若謂」開頭，隨後是一個論點，該論點會被引經據典的回答所反駁。這種對於經典權威的信賴，與後期「教外別傳」的禪宗本質表述非常不同。鑒於此處之背景並非是法諍而是禪法接引，因此受眾似乎是（i）對於禪法足夠陌生，因此需要這種入門引導，然而（ii）又對佛教足夠熟悉，所以了解佛法術語，並接受這些經典引文的權威。

因此，受眾應該是僧侶或在家居士。該文本開宗明義地說，文本的兩個目標為駁斥質疑禪法之人及指導接受禪法之人：「本文乃為回覆彼等最初即執著於實法與名相之人，並為駁斥此錯誤見解，且修離能、所之法之大瑜伽士所著。」由於那些具有明顯敵意之人不太可能成為入門儀式或開示的主要聽眾，因此我們可以將這兩類人視為處於中間狀態的信眾，他們沒有敵意但也還不是全然的信眾。

那麼，文本的標題「無所得」是什麼呢？「所得」（藏 dmyigs，梵 upalambha）在此處指感知，特別是對於「相」（藏 mtshan ma，梵 lakṣaṇa）的感知。相是由虛妄心所輸入的現象特徵，也是與心相異之實法（藏 dngos po，梵 vastu）。

因此本文第一行闡述它反對那些「執著於實法與名相者」。後面這個詞語（藏 *sgra*，梵 *śabda*）表明，即使是那些有爭議的內容，也是佛法學習的知識層面，如阿毘達磨和瑜伽行唯識學派文獻（兩者在敦煌藏文文本中都充分可見）的細項等。因此，無所得既是對一般有分別體驗的一種超越，也是對佛教智識本身的一種超越。此法大多以般若諸經為基礎，譬如 P.t. 116 起首的《金剛經》。

　　大多數提問是從較為傳統的佛法解讀出發，對無分別理念提出質疑。在第一個問題中以最概括的方式提出。一般來說，大乘佛法文本會區分福德和智慧的「資糧」，前者是經由有功德的行為如布施而累積的，後者則需通過無分別念的禪修。這些通常被認為是互補的，但〈一法〉卻主張，智慧資糧本身足以證悟菩提。或者更精確地說，它認為福德資糧是被智慧資糧涵括在內的。這基本上與關於六度的第三個問題（以及其他幾個藏文禪本）的觀點如出一轍：第六，般若，云攝前五。然而，〈一法〉確實也為修習預留了餘地。第四題的回答就說：「讀與不讀，皆可積聚最勝功德。」

寫本與文本

〈一法〉是敦煌寫本中最具代表性的藏文禪本，其他寫本中還有五個不同的版本留存了下來，而且它似乎是以藏文創作（雖然其中許多的個別成分可能是譯自中文）。它在中央西藏顯然也廣為人知：在帝國晚期的經錄《旁塘目錄》中便發現了一個非常類似的標題。儘管有許多〈一法〉的抄本，但是並沒有完整的抄本流傳下來。過去的研究誤將 P.t. 116 的版本視為是完整的，忽略了最後一頁寫本修復者的附註。把〈一法〉稱為〈小炬〉（*sGron chung*）的註記中說，原有最後的兩頁因損壞可能被丟掉了：

> 在〈小炬〉中，有兩頁不見了。任何抄錄此書之人應該找回遺失的兩頁。這並非刪節，整整兩頁已經遺失。

在同一頁的背面，我們可以看到同一位抄寫員的附註。他在兩行之間用一個十字做記號，表示應該將遺失的內文放在那裡：「遺失的兩頁應從此處插入。」這個註記說明了修復文本的人，知道部分內文已遺失，也期望他人知曉將它歸位的正確位置。[8] 在此處的譯文中，我從《頓入無分別修習義》的相同段落擷取遺失的第三個問題的起首部分，然後以 P.t. 823 背面找到的〈一法〉另一個抄本的首兩頁，來補足其餘的缺漏。雖然這讓人對第二及第三題的回答中是否有更多的材料產生疑慮，但我們現在擁有了所有的問題，以及至少是完整文本的大部分答案。

譯文

〈無所得一法論〉（*Dmyigs su myed pa tshul gcig pa'i gzhung*）為大瑜伽士記憶之用所著之問答文本

本文乃為回答彼等自無始以來即執著於實法與名相之人，以及對此錯誤見解加以駁斥，修行離能、所之法之大瑜伽士所著。

問：若謂僅修習智慧資糧而不修習福德資糧，無法成就無上正等正覺。解說如下：

吾等無法盡解如來之真實意。《般若波羅蜜多經》云：

> 若以三輪體空（能施、所施、受施）之法行完全布施，得證無餘涅槃。

故僅修智慧資糧者，並非不可成就無上菩提。「何以故？」《月炬經》云：

> 凡彼親證一法，即圓滿一切功德之資糧，彼者迅將證得無上菩提。若謂「一法」者云何？若於諸法以自性明真如，則諸法不稱，諸名相捨離。[*3]

《般若攝頌》亦云：

> 已修學般若之智者，將總攝一切般若。

《金光明經》亦云：

> 依止法身三昧珍寶，將得無量佛法。善男子，如此無分別之法身非常、亦非斷；乃中道矣。

如諸經所云，若僅修習智慧資糧，亦將現證無上菩提。但若雜以對諸相之理解，將生無法超脫輪迴之過患。《楞伽經》云：

> 諸行之相，非諸佛相，彼乃轉輪王之功德，轉輪王不說為佛。

故知若不雜諸相而僅修習智慧資糧，為道之最勝也。

問：若謂不應不多聞。解說如下：
《楞伽經》云：

> 所謂「多聞」乃修學解義，而非字句。

故知無法經思考而得成就。[9]

問：或有云當行六波羅蜜者。解說如下：
《金剛三昧經》云：

> 若心於空性不動，則已攝六波羅蜜多也。

《梵天殊勝心所問經》云：[10]

　　不思者施，不住者戒，不分所有差別者忍，無取捨者精進，不貪者定，不二者慧。

因此，定心不動則統攝六波羅蜜，倘心逐施等，則成不出輪迴之過。《楞伽經》云：

　　自心至於入，皆是順世派。

故若隨相分別，則不離輪迴。[*4]

問：若謂不應不讀、寫、誦、持。解說如下：
《大寶髻經》云：

　　於多如塵數之劫恭敬讀、寫、誦正法之經，不如於一日或一夜修無漏慧之無量福報大。若謂彼何以故？曰遠離生死故。[*5]

故知瑜伽之行與誦讀聽寫等，均為解義之門，故讀與不讀，皆可積聚最勝功德。
《金剛經》云：

　　知我說法如筏喻者，法尚應捨，何況非法？[11]

行諸誦讀者，將陷瑜伽初修業者之過患，若信解法門而後修習者，則可得更勝之修行。

問：若謂為迴向菩提故，應緣取一切諸善根。解說如下：
《般若攝頌》云：

「即若諸法自性亦無法用以迴向」，若能如實了知，即
是正迴向。若造相，則非迴向。若無相，即為迴向菩提。

因此，若知曉無相，即是迴向菩提。若以有所緣之法迴
向，即為過失。《般若攝頌》云：

勝者有言，緣白法（善法）如食有毒之物。

故知以有所緣之法迴向，無法廣作利益。

問：若謂初發心後即頓入無分別定之修習，殊屬不當。解說如
下：
《般若波羅蜜多經》云：

從初發心，不離一切智智心。[*6]

《大寶髻經》云：

頓解一義時，同時頓淨一切法。執實法者非為頓入，乃
漸淨也。

《智相光明經》云：

說因緣緣起，示次第入者，無明方便說，於彼任運法，

何有次第行。於無邊自性，執求微聚想，些須不承許，時心若虛空，與佛一念域。[*7]

《正智功德不思議經》云：

諸有情如許降伏，則如許見。如許降伏，則如許聞。

《楞伽經》云：

如是，大慧！鏡中所現一切色，乃頓現與無分別現。大慧！如來亦如是。一切有情所現之心相續無分別時，無顯現之諸行境亦頓時清淨。

故知應自始即修習無分別。倘作「吾未來可得無分別義」之想，便成惰懶。

《般若攝頌》云：

若某人云「直至須彌山粉碎，方成最勝之菩提。」卻因思及困頓而心生厭離，此菩薩將成惰懶。

故云不應自始即修習無分別者，如同不願以鞭牛之棍鞭驢，顯非正行。

問：若謂住於空性之等持，則不能饒益有情。解說如下：

《般若波羅蜜多經》云：

善現！於此菩薩摩訶薩住於三等持，凡彼行於分別之想

之有情，則安立於空性；凡彼行於相之有情，則安立於無
相。凡彼行於願之有情，則與無願相合。善現！如此菩薩
摩訶薩行於般若波羅蜜多，且住於三等持，而令有情盡皆
成熟也。

是故，以甚深法之門顯然能廣作有情之利益，假若以相之
門說法，則將會滋長罪過。[*8] 此經亦云，宣說一切有所得之法
者，乃罪惡之伴也。故知以有相之法向諸有情說法，所說乃為
顛倒之道。

問：若謂不應不憶念三寶。解說如下：
《般若波羅蜜多經》云：

　　欲解一切法無實性者，應習憶念佛。若不憶念亦不作
意，即是憶念佛。即是憶念法。即是憶念僧。

故知不作意即是憶念法性佛。若以有所得之法憶念佛，則
成涅槃之障礙。《般若波羅蜜多經》云：

　　對佛最細微之作意，亦是相，也即障，遑論其他？

故知以有所得之法憶念佛，無法廣作利益。

問：若謂心外有境。解說如下：
《大乘密嚴經》云：

地上所有諸色相，天界所住諸宮殿，一切所有之顯現，
均係阿賴耶所現。

《楞伽經》亦云：

色身享用與住所等，皆為人之阿賴耶所現。

故知內外之一切法均為心所生。若主張心外有境者，成劣
見之過患。《楞伽經》稱唯心所立者，劣見者不許。又云：

若欲安立名相，名相亦附法性，多所增益者，死後墮地
獄。

故知心外有境之主張，非正見矣。

問：若謂於勝義諦中，智慧僅剎那存在。解說如下：
《楞伽經》云：

執取各式形色之意識，與五俱意識一同生起；因不住於
剎那，故以「剎那」說。阿賴耶識名「如來藏」，乃與意
同時瞬生，因意業而有剎那，若為無漏業則無剎那矣。[12]

《金剛經》亦云：

須菩提！過去心不可得，未來心不可得，現在心亦不可
得，以不可得故，無心。

故知依勝義諦而言，智慧非剎那存在。若主張智慧乃剎那存在，將壞法身。

《楞伽經》云：

> 黃金、金剛石及勝者舍利，均因其純淨無瑕而堅不可摧。若現觀所證為剎那，則聖者非聖，然聖者恆聖矣。

故主張依勝義諦得知智慧為剎那者，此僅存於愚人之智中，若於正法之教中觀行，便知智慧不可得證為剎那之存在。

問：若謂須歷三大阿僧祇劫方可成就菩提。解說如下：

《解深密經》云：

> 淨除惡趣之習氣，需經三大阿僧祇劫，或一年又一月、半月、一晝夜、一日、一禪期、半禪期，或一剎那、一須臾、無量劫。

故知成就菩提並無定期。

問：若謂不應混合供品等。解說如下：

《寶積經》云：

> 若無佛想、無法想、無僧想，是即正供。

故瑜伽士並非不可混合供品等物。

問：若謂不應不發露懺悔。解說如下：
　《大解脫經》云：

　　凡欲發懺者，正坐顯清淨，若見清淨性，則清淨懺悔，
淨罪之最勝。

　故知修習不動，乃懺悔淨罪之最勝也。

問：若謂修道之人不應不依賴對治之法。解說如下：
　《虛空藏經》云：

　　諸法止息，則無須對治。

　故知若不分別心相，則無須依賴對治。

問：若謂倘先以有分別之法發菩提心，終可成就無分別。解說
如下：
　《大寶髻經》云：

　　起初若發有生死心，最終將不得無生死果。[*9]

　《般若波羅蜜多經》云：

　　初修業者發心後，應即修習一切法無所得。

　《佛藏經》亦云：

　　因此法無想，故僅能以無相之智，方能了知其最初。思
維分析無法了知。

　　可知修習有分別之法，將僅作意於相，即知虛空法界無生
無滅，也無任何利益。

總結

　　以上回覆已簡要陳列，以答彼篤信於相者，此亦可自關於
瑜伽之典籍中取得。上述所陳之諸多回覆，僅為答彼膚淺辯駁
者之教法，若已達般若彼岸者，其不執本家法典，亦不拒外
道，正如其不捨涅槃，亦不棄輪迴矣。

原註

1 關於 P.t. 116 及其文本的詳細討論，見 van Schaik 2014, 50-57。

2 《禪定目炬》（Gnubs sangs rgyas ye shes 1974, 57）將這兩個步驟描述為頓悟法門的基本方法——發菩提心，然後立即進入無分別。

3 Kimura 1980 正確地辨認出這是一個單獨的文本，標題清楚地標明於背面 47 頁第 2 行。有關此文本的英譯文與經典引文出處說明，可見於 Faber 1985。也可參考 Meinert 2007b, 190-92，關於禪師引文之討論。

4 《頓入無分別修習義》在《丹珠爾》（*Bstan 'gyur*）（D. 3910）中可以找到。另一篇類似且幾乎完整的問答文本出現於 P.t. 821，而 IOL Tib J 706 及 P.t. 817（此二者屬於同一原始寫本）殘本，則只有文本的一部分。在《禪定目炬》及《八十真實經》（IOL Tib J 705 及 P.t. 818）中，也可以找到一些相同的經典引文（非問答）。

5 Cantwell and Mayer 2013 中有個關於佛法與苯教普巴（*Phur pa*）金剛密續之間互文的有趣論點。作者基於 Hebraist Peter Schäfer 的模式，討論文本的三個層次：主題、細節、整體。

6 例如，十八世紀英國雜集著作網頁 Digital Miscellanies Index：www.digitalmiscellaniesindex.org。

7 關於中文禪本及其中文前身的問答形式，見 McRae 2003。參照《金剛薩埵問答》，一部為西藏大瑜伽密續修行者所撰寫的問答文本，也是經由入門儀式將一套複雜的修持法傳入西藏（Takahashi 2010）。

8　很意外的，先前對於 P.t. 116 所做的研究均未將此附註列入考慮。P.t. 116 在這部分的缺頁被 Ryūtoku Kimura 1976 注意到，但他並未細究寫在兩行之間的行間註，或寫在 v1 的筆記，因此對於缺頁發生之處有些許誤判。

9　在 P.t. 116，文本於此處中斷，因此這個問題的答案並不完整。在我們轉向 P.t. 823〈一法〉抄本前的下一個問題，是取自 *Mi rtog pa'i bsgom don* [《頓入無分別修習義》]*10, f.12b。

10　從此處開始，文本是取自 P.t. 823；雖然沒有經文的標題，但相同的引文也出現在 *Mi rtog pa'i bsgom don*, f.12b。

11　此處文本以 P.t. 116 的背頁接續。

12　P.t. 116 的版本中省略了一些詞語，P.t. 21 的版本也是。此處我的譯文是在藏經版本的基礎上，稍作了一些修正。

譯註

*1　此中文禪本名為〈頓悟真宗要訣〉。

*2　沈衛榮曾翻譯《頓入無分別修習義》並已發表，見《無垢友尊者及其所造〈頓入無分別修習義〉研究》，《佛學研究中心學報》第十期（2005 年），頁 97-112。

*3　同上，頁 107，註 92。

*4　同上，頁 111。

*5　同上，頁 111。

*6　《大般若波羅蜜多經（第 401 卷至第 600 卷）》卷 513〈19 真如品〉：「從初發心，不離一切智智心。」（CBETA 2019.Q4, T07, no. 220, p. 621b9-10）

*7 同*2，頁 108。

*8 本題問答至此採用沈衛榮的中譯。同上，頁 111-112，註
　　122。

*9 此處英譯似乎漏譯了第一段藏文「起初若發無生死之心，
　　最終也將得無生死之果」。

*10 本書[ ]內之中譯書名或中譯詞，是譯者依據藏文所補充。

第二章　禪師

言語行為

　　從很早的時候開始，禪門文本就是基於祖師們的教法。雖然這些禪師所給予教法的原始用意，甚至他們的歷史真實性都受到現代學術界的質疑，但從修行的角度來看，真正重要的是如何運用這些教法。在一個傳承中，某個人物以及載名於其身的言語文字之重要性，並不會受到他或她是否真正存在，或是否真正曾經說過哪些話等的後世評論所影響。約翰・馬克雷曾一針見血地說過：「它不真，所以它更重要。」[1]

　　此處所翻譯的禪師教法集，緊接在寫本 P.t. 116 的〈一法〉（翻譯於第一章）之後。我們曾經說過，P.t. 116 似乎被整理成一本禪修入門儀式的參考資料。〈一法〉為那些熟悉佛法概念並接受佛教經典權威的弟子，提供了禪修理念的入門教育。那麼這些大師教法的作用為何？乍一看時，我們見到大師摩訶衍和其他十八位禪師的教法是同一類的陳述，只以些許不同的方式反覆出現。那些教法讀起來不僅重複，而且相當累贅。然而，這件寫本並不是用來閱讀的，它是為了在儀式當中使用的。如果我們想要了解這個文本如何運作，我們就必須試著理解它在儀式中的角色。

　　如果這些教法是公開儀式的一部分，也許是入門儀式中的一場開示，那麼我們必須將它們視為具有演示性的言辭，即「言語行動」。也就是說，講這些話是一種行動的展現，對參與儀式之人會產生社交性理解的影響。用約翰・奧斯丁（J. L.

Austin）在《如何以言語行事》（*How to Do Things with Words*）一書中所提出的術語來說，言語行動是有「演示性」的，因為其目的為帶給世界一些變化。因此，正是儀式中言語的一部分，會帶來被認可並願意投入禪佛教修行的人，就像婚禮上的話語將產出被允許參與並忠於婚姻這一社會制度之人一樣。[2]

所以，這裡如同許多儀式一般存在著重複與累贅也就不足為奇了。我們可以用約翰·希爾勒（John Searle）所討論的一個特性來描述儀式語言：它並不試圖以語言融入這個世界，而是要讓世界融入這些語言。[3] 一個簡單的聲明或敘述可以執行一次，但讓世界產生變化的嘗試就可能需要重複很多次。儀式的效果是轉化與會者，而語言正是轉化的媒介。因此，這些教法不應只被當成文字敘述來閱讀，儘管當它們做為單純的文本呈現在我們面前時，看起來就僅是文字敘述。此處託名於禪師的言辭，通常不會像「我現在宣布你們成為夫妻」那樣具有明確的轉化性，但它們還是具有改變受眾的功能。布魯諾·拉圖爾（Bruno Latour）對基督教信仰提出了類似的觀點，他將宗教話語與情話進行了比較：

> 評價「你愛我嗎？」這句話的標準並不是句子的原創性——沒有比它更陳腐、瑣碎、無聊和老掉牙的了——而是它在聽者和說者身上表現出來的轉變。因循的言語資訊交換是一回事，造成轉變的話語則是另一回事。當後者被傳達出來時，就會發生一些事情。許是事物正常節奏的輕微位移；許是時間流逝中的細微變化。你必須下定決心，參與其中：有可能是永久地，以身相許。[4]

　　因此，我們應該意識到，我們目前的閱讀習慣（將這些陳述當成敘述或資訊來閱讀）有可能與以往文本做為儀式表演一部分的使用方式有很大的不同。做為一種表演時，我們應該思考每位祖師的教法如何造成轉變，以及在彼此教法接近的情況下，如何產生累積的效果。

偈頌

　　那麼，在儀式進行的過程中，這些教法想要帶給聽眾的轉變是什麼？我們沒有直接關於此點的明確評論，但在不斷重複的相同主題間，特定的結構便浮現了出來。這些簡短的文中文彼此非常相似，它們都是以慣用的方式創作的，這在它們有限的詞彙、重複的主題，以及類似的架構中是顯而易見的。如果期望信眾對它們產生正確的回應，那麼這些文本就必須在一定程度上遵循這些慣用模式。[5]

　　當然，這些文本起作用的儀式我們已無緣參與，但我們至少可以讓自己感同身受，如此我們就可以從禪師重複主題的教法中覺察出模式來。也許最明顯的模式是重複否定，其中有一系列的詞語，包括思惟（ *bsam* ）、分別（ *rtogs* ）、憶念（ *dran* ）和所得（ *dmyigs* ）等，全都是用來否定的。而累積的效果就是將這類的內心活動置於全然否定的氛圍當中。所涉及的個人轉變則是產生相信這是真的，且接受唯有無分別才是道地修行理念的修行者。在託名於巴顯[*1]的教法中，這個理念以生動的意象傳達了出來：

　　頓觸無分別真實意者如獅子王，以獅子吼故，於四威儀

無所畏懼。透過分析了知而有所得者如幼狐。剖析異同窮
究分別者無法成佛，此等弟子乃空虛之愚人。

　　然而，文本並未停留於這種沒有內心活動的情況當中，相
反的，它隨即被填滿真正的修行與開悟，那是一種不被分別繫
縛時的直接顯現。像這樣將明確的否定呈現為佛教修行與開悟
的積極面，在此處諸多的教法中均有描述，包括題名摩訶衍的
文本，該文本說明大乘佛法的十波羅蜜修行如何存在於無分別
禪修之中。同樣的，被認為是無住所著的簡短教法，將通常與
這位禪師聯想在一起的三個否定，轉為傳統佛道的正向層面：
「無憶名戒、無念名定、莫妄名慧。」
　　這裡隱含了三種理解層次：首先是一種對修行的無知的理
解，這種理解是有分別的，並且朝向一個具體的成果；其次，
在純粹無思及佛性的展現中，對於這種修行理解的否定；第
三，在此基礎上對修行的更深刻理解。這些階段的某些形式在
般若文獻中也能看到，包括 P.t. 116 起首的《金剛經》。在般
若文獻中，無微細分別的狀態被稱為空性（*sunyatā*），儘管
空性並未在此處禪師的教法中被特別引用（除了神會所使用的
否定詞語以外），但它暗藏於其中。約翰・馬克雷曾在中國牛
頭宗的禪本中發現同樣的三個層次，他的描述如下：

　　一段佛教詞句在第一部分提出，詞句中的用語在第二部
　分會被消除，因而在第三部分時，人們對佛教的理解可以
　提昇至更為深刻的層次。[6]

　　我們也許還可以對此處的教法加上第四個面向，即在陳述

中對真正修行成果的詠嘆，例如託名於神會教法的結語：

> 此即完全圓滿之法身，等同法界，同於虛空。因其原本
> 無住，遍顯無量無限，自性剎那圓滿。

　　對一名願意接受的信眾來說，這個以否定修辭形容的空性
（這也是神會的教法開始的方式）及以佛教新的無分別形式填
滿的這個空性，都會在那欲於修行中找尋之一切皆已存在的領
悟告終。這就是這些教法的頓悟面：若修行觀念正確，那被認
為是漫長修行過程終點的東西，當下，它就在這裡；或者以更
始大師的話來說：「若解義，則彈指間成佛。」
　　此教法的第四個面向，詠嘆，也是 P.t. 116 整體文本系列
的巔峰，它結束於一首名為〈法界示現頌〉（*Chos kyi dbyings
nyid bstan pa'i mdo*）的偈頌。無獨有偶，在《壇經》中，惠能
的入門儀式也是以他的〈無相頌〉做結尾，他鼓勵在家居士於
家中讀誦與實修。神會的壇場開示也是以讚頌開悟狀態的偈頌
做結尾。如此一來，這些儀式都結束於正向的氛圍中，這使得
每位與會者均產生儀式結束後仍將繼續修行的情感能量，從而
使轉變達到最高點。[7]
　　最後，雖然我認為所有這些層次都出現在 P.t. 116 的禪師
教法中，但我們在閱讀時卻不能期待從一個層次到下一個層
次。它們是同時存在的，而且這個結構只有通過累積才會出
現。因此，將這些簡短教法聚集在一起所產生的重複性並非是
種錯誤，而是讓信眾將偈頌銘記於心的方法。

禪師

我們這裡要探討的是 P.t. 116 之中一篇題名摩訶衍的短文，以及十八位禪師的一系列引文，每段引文在藏文中都被描述為「……曰」（*mdo las 'byung ba*）。藏文的「*Shan shi*」接在很多名字之後，這是遵循當時漢語發音的中文敬語「先生」的音譯（較接近現代日文的先生〔*sensei*〕）。這些大師接在〈一法〉之後，而〈一法〉是結束於八位佛學大師的教法，因此，此處為了儀式開示的文本編排而有種自然地延續性。〈一法〉尾聲的八位大師為：（i）龍樹，（ii）達摩，（iii）無住，（iv）降魔藏，（v）安燈海，（vi）臥輪，（vii）摩訶衍，（viii）提婆。這是一份有趣的名單，因為它並非依照時間的順序排列，也不符合任何已知的禪宗傳承，但它的確傳達出一個脈絡。

第一及最後一位大師是中觀學派的創始人龍樹以及他的學生提婆，這便將其他大師都納入了廣泛影響他們著作的中觀理念之中。其他大師包括：無住，創立保唐宗的四川大師；降魔藏，名人神秀的弟子、摩訶衍的其中一位老師；安燈海，僅從 P.t. 996 所記載的傳承史中得知他是一位印度禪師，但顯然在西藏（但不是中國）禪法之中非常有名；臥輪，這位大師的教法似乎在九及十世紀很受歡迎，但後來便幾乎被遺忘；以及摩訶衍，無論於此處或他處，他都是西藏禪法的核心人物。

此處收集的禪師教法中包括了前述名單中的幾位：無住在其中，他同時也是自稱承接法嗣的韓國金和尚。摩訶衍在十八位禪師之中，他另外還有一個在此引文合輯之前的單篇短文。還有一段相對較長的段落題名神會，他最著名的是對抗「北

宗」諸師，如神秀及降魔藏的論戰。降魔藏在〈一法〉中出現，表示這個論戰背景對於像 P.t. 116 這類的寫本編纂者來說是無關緊要的。就像第一章中說過的，他們的工作最好被看成是收集適合某種目的的材料。修行人對劃分學派及宗派的興趣顯然遠不及宗派研究學者。

　　雖然此處所引述之大部分禪師的姓名似乎是中文姓名的音譯，但卻未見名於後來的禪宗傳承中。若與中文寫本進一步做比對，也許在未來能辨識出他們之中更多人的身分。這些人中有許多也出現在另一件藏文資料《禪定目炬》當中。在這件著作中，這些禪師被列舉為「頓門」的例子，其中有很多的文字與此處的寫本中相同，寫本的部分順序也被保留在《禪定目炬》中。這至少顯示這些禪師教法的組合受到足夠的認可，得以被九世紀末至十世紀初中央西藏的作者所採用。《禪定目炬》中引用的其他禪師並未見於敦煌藏譯寫本中，卻可見於中文原作。這表示此處所描繪的大師教法集，也可能是直接取自一件中文資料。[8]

譯文

摩訶衍著〈無分別禪修總攝六及十波羅蜜法之精要〉（*Bsam gtan myi rtog pa'i nang du pha rol tu phyin pa drug dang bcu 'dus pa bshad pa*）

1. 入無分別時，因完全捨離三界（能施、所施、受施），故圓滿大布施。
2. 入無分別時，因三門（身、口、意）罪業不生，故圓滿大持戒。
3. 入無分別時，因安忍於心想不生，故圓滿大忍辱。
4. 不斬斷如水流般之無分別心相續時，圓滿大精進。
5. 無分別即是定，故圓滿大禪定。
6. 無分別即是慧，轉為出世智時，即圓滿大般若。
7. 無分別乃往最高處之法，故圓滿大方便。
8. 入無分別時，因蔽覆三界，故圓滿大力。
9. 無分別即願，因發願入如來之願中，故圓滿大願。
10. 無分別即如來法界，故圓滿大智。

無住（Bu cu）和尚曰

若云戒、定、慧：無念是戒、無分別是定、莫妄是慧。此為記憶之法。

金和尚（Kim hun）曰

當心平等，則一切法平等。若知清淨之性，無有不是佛法者。解義時，不生愛染貪欲之心。若體會清淨之行境，則無所求。何以故？般若智慧之真如本性，本來平等，故無所得。

藏（Dzang）禪師曰

不生憶念分別，即完全圓滿之禪定。不染六識之對境，即完全圓滿之般若。如是完全圓滿之禪定及般若，則生無分別智，由此越三界。

道忍（De'u lim）禪師曰

修道者應具備心之眼。既無分別，亦無所得，也無所成：心平等，即謂「心之眼」。若能如是無分別時，以眼所緣之貪著境便得解脫。[*2] 耳、鼻、舌、意亦得解脫。此即謂「六自在王」。此即解脫處。解脫即是佛。

朗（La）禪師曰

若經修道尋菩提藏，身應完全放鬆地安坐，心若太虛般寬廣，平等地觀修。如是，色等六塵之所有外緣，將不成苦障。此即如來法身矣。

金和尚曰

修道之人，若離一切見之分別，此即謂「獨一受」，具如是受時，一切習氣之煩惱不生，此即解脫之道。

巴顯（Pab shwan）禪師曰

頓觸無分別真實意者如獅子王，以獅子吼故，於四威儀無所畏懼。透過分析了知而有所得者如幼狐。剖析異同窮究分別者無法成佛，此等弟子乃空虛之愚人。

畢（Pir）禪師曰

若心平等如一，一切法不生，此即解脫之道。

智（Dzwai）禪師曰

以自性清淨之水，灌習性煩惱枯槁之地，將生菩提苗。見此自性，將速成正覺。

參（Tshwan）禪師曰

修道比丘應觀寂靜之覺受。若如是覺，則煩惱之結無法將其繫縛。

王（Wang）禪師曰

若知一法，一切法不顛倒。若不知一法，一切法顛倒。此即名「清淨之覺受」，亦即了知心之所住。若如是覺，將不生一切習氣煩惱。如在沸水中灌入冷水，則沸水平息。

蒼霞（Dzwang za）禪師曰

修道者，若看佛之佛性，藉由見佛，將步步近佛。若不看佛，將因不見佛而步步離佛。

由信差送來之漢地居士更始（Keng shi）之禪語

修道者，應超越勤勉之心。若解義，則彈指間成佛，若不解義，即經滿恆河沙數之劫，亦不能成佛。若解大乘頓入之義，即解「朗誦大法之聲」，一切有所得及有分別之聲頓除。此即解脫。

不解義即「愚昧迷亂之聲」，亦即煩惱習氣之一切過失頓生，乃輪迴之鎖鏈。譬如獅子，其出生時便以獅子之威儀行走，發獅子吼聲，能震攝其他猛獸。了知頓入之義者與此同。狐出生時便以狐之姿行走，且發狐聲，故諸獸輕賤之，且狐自知弱小亦心生畏懼，所有不樂頓生，此皆因不明頓入之義。

神會（Shin ho）禪師曰

常時無所憶念，將成就聖諦之相。何以故？思惟之自性，即本初無住之體性，其既不可證得，亦無所緣於思惟及禪定。其無所緣於「此為思惟」、「此非思惟」、好、壞或思惟有形色等。其無所緣於有邊、無邊、有量、無量、有住、無住等。應無所緣於一切作意之相。

若如是無住於思惟，則本初無住思惟平等之體性，乃內自證而得。證即達無住之住。如鳥於虛空無住地往來，若欲停駐，便即墜落。同此，亦非無所證。若無所證，則落空邊。故無住即本初寂靜之體性，若以祖師之智，能證此體性即為寂靜。故若現知，則於知無所作意，若現見，於見亦無所作意，此即完全圓滿之法身，等同法界，同於虛空。因其原本無住，遍顯無量無限，自性剎那圓滿。

齊理（Byi lig）禪師曰

生死與涅槃自始無二，故非合、非離、非歡喜、非不歡喜。何以故？「越輪涅」故。

摩訶衍（Ma ha ya na）禪師曰

生死與涅槃自始無二，故無合、無離、無歡喜、無不歡喜。何以故？輪迴與涅槃平等，名「越憂苦」。

道（De'u）禪師曰

不須以清水淨心，不須以財富布施，以清淨心成正法，以坐直身見佛陀。

無住禪師曰

以清淨之心造壇城，以無相之火燒解脫香，懺無礙之罪，修無思之戒、無所得之定及無二之慧，不以世間因緣莊嚴壇場。

又言，一切眾生，自始清淨。因自始圓滿，故無增、無減。於三界中跟隨思惟，心皆有漏，故將領受種種蘊身。觀待善知識時，若見自性，將成就佛道。若耽著於相，則將打轉。因眾生有思，故解說無思安立之意。若無思，即便無思亦將不住。[3] 三界之心，既不住於自我寂靜之地，亦不住於相，亦非不造業，離幻即解脫。

若有心，如水波；若無心，為外道。跟隨生，為有情之垢。依止靜，則親近涅槃。不追生、不依靜、不入三昧，也無生。不入禪定，也無生[4]。護住自心！勿散亂！無實亦無虛故，不住相或非相。[5]

原註

1　McRae 2003, xix, 5-6.

2　Austin [1962] 1971，特別是 lecture 8。Austin 區分了語言中發話和語導兩種特性，首先是所說之事的演示性，其次是說出某些事情的後果；如同 Austin [1962] 1971, 110 所指出的，那些本身似乎不是行為的陳述可能會造成嚴重的後果：「因為透過質問她在 X 房間內的手帕是否不是她的，或說那就是她的，便有可能說服我她是個通奸犯。」從這個意義來說，P.t. 116 及其他寫本中大多數文本的演示特徵是語導的，因為它們都不是像發誓一般的明確地陳述（P.t. 116 之中的例外是《普賢行願讚》）。

3　Searle 1976, 3。Searle 使用的例子是取自 Elizabeth Anscombe，敘述一位帶著購物清單在城中走動的男子，後面緊跟一位偵探記錄每一件他所購買的東西；這兩張清單最後很可能一模一樣，但它們的功能卻完全不同：前者是演示性的，後者則是描述性的。

4　Latour 2005.

5　結構主義文學評論家 Jonathan Culler 1975 之經典著作《結構主義詩學》（*Structuralist Poetics*）認為，公開的慣用體系允許讀者回應文本，而在不同類型的文本中，這些標準用法有相當大的差異，而且這些標準用法隱含於文本的結構特徵中。

6　McRae 2003, 58。McRae 所舉的例子是《絕觀論》。

7　將「情感能量」的概念做為一場成功群眾儀式的結果，已由 Randall Collins 2004, 102-33 詳述。

8　中文寫本內包含禪師教法集的有 BD01199、Or. 8210/S.

2715、P.c. 2923 和 4795。關於中文本的英譯，以及與《禪定目炬》之藏文譯本的對應關係，見 Broughton 1999。

譯註

*1　巴顯是一禪師名，導言後的譯文中有他的語錄。

*2　此句之藏文為|de ltar myi rtog pa'i dus na||dmyig gis gzugs kyi yul la ma chags pas dmyig grol thar|，由於 ma（否定之意）字極小，且是以 x 記號表示插入的，作者有可能漏掉了。譯者試譯如下：「若能如是無分別時，便不貪著眼所緣之境，故眼根解脫。」

*3　譯者認為|bsam pa myed na bsam pa myed pa ang myi gzhg go|| 這句話若譯為「若無思，即便無思亦不予安立」似較符合語意。

*4　此處藏文原文為|spyod pa ang myed|，似應譯為「也無行」。

*5　此處譯者認為，這段藏文| sems ni thob pa dang | stor ba myed| | dngos po dang grib m yang ma yin| | mtshan nyid dang mtshan m yang myi gzhag go|| 之意思似為「心不可得亦不可失，非實亦非虛，無論性或相皆不予安立」。

第三章 善知識與弟子

頓與漸

　　無論在藏文或中文的禪法寫本以及後世西藏史對於禪的記述中，通往開悟的頓、漸法門之爭都非常明顯。這種衝突隱含於大多數的早期禪本中，而且可能在最早的禪本，即菩提達摩的《二入四行論》中便已談到。然而，它在八世紀時成為直接的討論主題，神會於開示中將自己與頓門一脈緊緊相連，對抗他稱為「北宗」的漸修者。

　　宗密也討論過這種衝突，他認為實際上涉及了與開悟和修行有關的兩個問題。第一個問題是，是否單一修行法如「看心」或僅靜坐於無相禪修中便足夠成就菩提，亦或需要多種修行法？第二個問題是，開悟是在全有或全無的情境中瞬間來到，或是一個逐漸覺醒的過程。於是，這兩個問題似乎必須各自聯合，亦即單一修行法應與頓悟掛勾，而多種修行法則應與漸悟結合。但是，正如宗密所說，情況未必如此，有可能單一法門導致了漸悟，而多種法門卻引發了頓悟。我們將會看到此處所翻譯的文本似乎傾向第二種立場。[1] 由西藏版的摩訶衍與印度大師的辯論可以得知，頓／漸二分法也是後來藏人對禪法最重要的理解。在故事中，摩訶衍被描述為頓法的堅定支持者，其程度超過目前可見的當時所有禪師的著作，包括神會。因此，西藏法諍故事的作者讓中國佛教結合頓門、印度佛教結合漸門，此種簡化的區分法使得敘事迴避了兩種層面均存在於印度佛教的事實，特別是法諍雙方均高度推崇的般若經典中。

　　事實上，神會反對漸修的言論在早期禪宗是個例外，而且即使是他自己的弟子也開始軟化他的論戰立場，這種立場在開示中很好用，但卻無法為禪門僧侶及在家修行者指點迷津。其他的新思潮，如在神會論戰之後發展出來的牛頭宗，也在頓、漸法門之間進行探索。許多藏文禪本也有這樣的特點。摩訶衍的著作遠比被醜化了的西藏法諍故事更耐人尋味。因此，中文及藏文的禪教都描述了修行與開悟中的緊張關係的調和，而藏文版本主要是從它的中文原始資料衍生出來的。[2]

善知識與弟子

　　此處翻譯的文本是禪修指導者的參考指南。在藏文文本中，這些導師被稱為善知識，或者更確切地說，是「友」（藏 *bshes gnyen*，梵 *mitra*），這個詞語出現在早期佛教文本中，其完整的形式是「善友」（藏 *dge ba'i bshes gnyen*，梵 *kalyānamitra*）。雖然它偶爾被用來指稱同輩之間的關係，但它更常表示師徒間的私人關係，無論是對出家或在家佛教徒皆是如此。在 P.t. 116 寫本中，為了禪修入門儀式所編輯的文本也具有指導性質，因為這些儀式的重要部分即是壇場開示。然而，給予群眾的開示不同於給予個人的一對一指導，為了這兩個目的所收集的資料也可能天差地別。

　　這裡所翻譯的「善知識指南」是 IOL Tib J 710 當中的第一篇文章。IOL Tib J 710 是一件包括兩篇文章的完整寫本，第二篇《楞伽師資記》將在第四章翻譯。這件寫本是以高品質的紙張精心製作的，頁碼按順序編號，用的是清楚整齊的藏文有頭體字形。它很可能是由專業抄寫員或受過抄寫訓練之僧侶所

謄錄的。其筆跡似乎是十世紀以來的敦煌寫本中較晚出現的佛教風格之一。因此，它的書寫時間很可能晚於 P.t. 116，但由於最後一個貝葉背面的字跡與修繕 P.t. 116 之人的字跡相同，因此我們判斷此寫本最終落入了修繕 P.t. 116 之人的手中。在 P.t. 116 中，此人替換了遺失的部分寫本以及一些文字，而在這裡，寫本是完整的，他還添加了一些摘錄自經書的補充材料，說明萬法皆是佛法，正確地修行即能見佛，而此見佛本身即是佛果等。這些摘錄是對寫本中兩篇主要文章的補充說明。

　　這裡所翻譯的寫本的第一篇文章沒有標題，雖然寫本應該是完整的，但它的開頭和結尾都有些草率，因此，它看起來更像是一篇較長文本的摘要。從文章的內容來看，選擇這篇摘要是因為它的內容涉及禪師在指派弟子禪修練習，和引導他們修行時出現的具體問題。這篇摘要主要探討了禪修頓、漸法門之間的爭議，也涉及弟子在禪修過程中所產生的禪境問題。[3]

如何教禪修

　　在此處所翻譯的文本中，調和修行與開悟的頓、漸法門的問題並不是教義上的問題，而是在教授禪修的情境中會發生與討論的問題。像宗密這樣的學者型作家關心的是闡述各宗派的立場，也許因為方法過於正式而導致人們認為這些問題是關於教義的。這篇文章則正好相反，它讓我們看到修行情境中的相同問題，特別是從善知識的觀點去看。做為一本善知識指南，這篇文章解決了善知識在訓練弟子熟練掌握禪修時所面臨的實際問題。因此，這與神會對修行的論戰式駁斥，或宗密對禪修學派詳盡但高度學術化的教義描述截然不同。

禪師的難處在於，人的心性雖本自清淨，但禪修初學者卻有著種種不同的人格類型阻礙他們明瞭這一點。因此，在修行上，單一頓入法的理想並不總是恰當：

> 觀修同一對境不能隨順個別之心。於各自不同之心中，有喜樂者、有放逸者、有昏沉者、有具有者……頓法不圓滿，有能用者、亦有不能用者。

說明上述情況的例子來自醫學。醫生為不同的疾病開出不同的藥方，而神醫會知道病人需要什麼。同樣的，一位大善知識在指導弟子時會使用恰當的「對治法」——一種用來防止特定惡習的禪修法。就像醫生的處方一般，善知識的方法也必須嚴格遵守，弟子如果從多位善知識那裡獲取不同的建議，或只是編造事實，就會誤入歧途。正確的練習也需要時間，有段話感覺像是借鑒了長期的教學經驗，它提醒說，那些似乎立刻喜歡上禪修的弟子，往往隨後就放棄；而另一些似乎不那麼適應禪修的人卻能堅持下去，直到成為熟練的禪修者。

不過，最終的結果卻是一樣的。在醫學的比喻中，醫生可能對不同的疾病使用不同的方法，但被治癒的喜悅卻總是相同。當開悟來臨，對每個人都是相同的，且是瞬間降臨的：

> 諸佛之加持力不同於世間植物之生長，亦非如彈奏樂弦般之次第給予，乃如鏡像與太陽自地表破曉而出，頓淨諸習氣。

因此，善知識應以嫻熟的敏感度，針對個別弟子的需求教

授不同的方法，但只要他們持續努力禪修，最終都會達到同樣的境界，而且當開悟來臨，是曙光一般地乍現。最重要的，也許是強調善知識在弟子的禪期中必須陪伴弟子的段落，無論是數天、數週、甚至數年。文章中說：「若能盡早為〔弟子〕矯治，其必能達致禪修之境地。倘此境界竟未出現於一人之心中，遑論無量之有情？」在這裡，經書以及其他諸多禪本的遠大理想，都落實到善知識與一位精進弟子的關係當中了。

這篇文章所論及的善知識面臨的另一個問題是，弟子在禪修過程中所回報的生動體驗，像是見到諸佛等，這似乎是好現象。文章對此採取了務實的觀點。如果這類禪境的體驗導致禪修者驕傲且過度自信，則顯然是個問題，所以應該教導他們這些禪境如夢似幻。另一方面，由於禪修中的禪境實際上是進步的象徵，如果弟子沒有任何這類進步象徵的體驗，實際上也是個問題。因此，善知識對於這些禪境回報的評語，必須視弟子的個性、他們的修行方法，以及他們在禪修中的進展而定。此處我們再次得到一種感覺，即這篇文章真正關注的是教學上的直接需要，而非闡述特定的教義立場。

大瑜伽

本篇文章實際引用的禪修法門稱為「如來禪」或「大瑜伽」。這兩個詞語顯示，本文與其他許多藏文禪本一樣極度倚重《楞伽經》。如來禪在《楞伽經》第二品中被引用為第四級，即最高階的禪修法：

復次，大慧！有四種禪。何等為四？謂：愚夫所行禪、

觀察義禪、攀緣真如禪、諸如來禪……大慧！云何諸如來禪？謂入佛地，住自證聖智三種樂，為諸眾生作不思議事，是名「諸如來禪」。[4]

　　經書本身並未說明這四種禪修是否都是漸修法中的正確階段，或者第一、二和第三種禪修僅僅是應避免的不當禪修形式。據說好戰的禪師神會將教授如來禪做為唯一正確的禪修法門，依據他在《曆代法寶記》中的傳記指出：

　　東京〔洛陽〕荷澤寺神會和上每月作檀場，為人說法。破「清淨禪」，立「如來禪」。[5][*1]

　　然而明確的是，就像此處所翻譯的文章一般，禪本皆忽略其他三種類型而僅引用如來禪做為直接無雜染的最高級禪修形式。本篇文章的目的似乎是要保留這種精神，同時也允許給予弟子其他更實用的禪修練習法。

　　《楞伽經》也是「大瑜伽」一詞的來源，但由於某些學者在研究西藏禪門時未能認識到這一點，造成了一些混淆。大瑜伽（藏 rnal 'byor chen po，梵 mahāyoga）是西藏寧瑪派及敦煌寫本中一種著名的密續修持法名稱。這個「大瑜伽」的歧義用法使一些學者認為，在藏文禪本中使用它是對密續修持法的一種影射，甚至認為這些禪本偽裝成密續文本。[6] 事實上，在《楞伽經》中，「大瑜伽行瑜伽師」（mahāyogayogin）被重複地用來指稱一個具最高智慧，能見法性之人。例如：

　　善哉！大王！若能如是，即是如實修行者行，能摧他論

能破惡見，能捨一切我見執著，能以妙慧轉所依識，能修菩薩大乘之道。[7]

在此處的文章中，如來禪和大瑜伽兩者互為同義詞。正如文章最後一部分所說明的，它們指的是識或慧與其對境之間無二的禪修。雖然這是最佳的禪修形式，但文章也說它並非弟子應該練習的第一種禪修。它應該是在更多觀念性和有引導的禪修類型之後才練習的，即這裡所稱的聲聞或菩薩的修習，這種修習涉及了依照弟子的特殊心性而為其開出對治的處方。聲聞和獨覺（梵 *śrāvaka* 和 *pratyekabuddha*）這兩者是未接受大乘教法的佛教修行者的典型，而禪法的修行與開悟則往往與這些「較低階」類型且有所局限（甚或是完全錯誤）的方法互相對立。

譯文

　　如竊賊無法接近財主，或為大風吹散之雲朵一般，虛妄顛倒之分別心應漸次削減。入大瑜伽者，自證心之體性無生無滅。因生滅之分別念為妄念，故了知其為假立時，又何須分別之所餘？心乃頓淨，非漸淨。

　　利根*2 之聲聞依止有相之法，如觀骨骼腐蝕等。菩薩則依止無相之法，如解脫之三門等，其以單一之對治法即可覆蔽一切相，然仍無法捨此對治之法。入如來大瑜伽者，由於已得智之自在，故其所想同陽焰一般無住。分別之法不生，不生故不滅。

　　聲聞及獨覺之智，如鏡套中之鏡。菩薩之智如為網包裹之鏡。諸佛之智則同無套之鏡，其無有錯亂，且因即便入定也無法將其障蔽，故自身之功德不滅，並任運成就眾生之利益。

　　若問應如何處置令真禪修不可行之過患？觀修同一對境不能隨順個別之心。於各自不同之心中，有喜樂者、有放逸者、有昏沉者、有具有者。若欲以法矯治，無法以一法治一切。因有無量之對治法，必有一法可對治有情心中之所生。頓法不圓滿，有能用者、亦有不能用者。於眾多教法中，亦有諸多分別與混淆，故不應對所有瑜伽士說明多種矯治之法，應善說其能用者為佳。

　　如同醫者治病，巧醫以藥材與儀軌治奇病，其所欲達成並令病者受益。醫術更高者，能遠距治病。劣醫醫病隨心所欲，其儀軌無用，於病無所助益且治絲益棼。劣師開示亦隨心所欲，或弟子雖依止眾多善知識，卻胡亂編造方法，此乃不足與錯誤之道，亦為糜費。8

　　因此，善知識應親近禪修之瑜伽士，問其修道及內心之情狀，細察彼等。若能盡早為其矯治，其必能達致禪修之境地。倘此境界竟未出現於一人之心中，遑論無量之有情？[9]

　　又日、月、年、晨、昏等，瑜伽士須自始精進。倘其時而倒下，時而站起，善知識應看護彼等。此等瑜伽士之心須如眼般敬護。有自始即理解禪修且如法者，然稍後即退失，無法趣入；有初難理解，似無法修習者，然其始終精進，終成不執任何禪境之禪修者。

　　最盛之分別心應以對治法各自矯正，然最後僅有一種真禪修，淨除分別心之喜樂乃一味矣。如對治不同之疾病需給予不同之藥方，病癒之樂於一切疾病均為同樣之覺受。以特定之法雖可淨除單一之分別念，然其餘之分別念仍需次第滌淨。故禪定八法無法一次成就，應依次進入。一一淨除種種分別，如於大地細數塵沙。[10]

　　若無法如實了知心性，則以單一對治法頓遮亦無所助益。以聲聞及獨覺之滅盡定，可速略以法遮心，但因不可思議之微細習氣，使其不能窮盡生死。聲聞稱有實法，其共計八十一微分，故緣任一，皆能切斷其餘一切相。然若心為二，則緣一物，便不能緣他物。故若緣空，則此空可遮蔽名相與其他相，然因空無相，故無法遮蔽無相。故相乃實有見之遮蔽者，空乃虛無見之遮蔽者。無論何者，菩提與諸聲聞之妙智皆不相應。

　　漸修法先空外境，而後自最麤重者漸次盡捨內心之相。雖最終可達無相，但直至得內自所證之喜樂止，皆不可稍停練習。縱長時滌淨無數顛倒分別，此仍為分別之心性。即能如此窮盡一劫，途中仍難免為怨敵之力所害。此為遙遙無期之長路矣。

頓淨法視一切外相為心之所現，內心僅為顛倒分別之尋思。精通無實法後，便可將此二者均寄於空性之中。然此非一切皆不存。佛性越生滅，不曾稍改。內自證者，頓時淨除自內而外之一切顯現，故不退轉，且速成。

是故，下品凡夫執所緣之顛倒相，其思惟直至大涅槃前，心心所之一切法皆有過失，然此並非大瑜伽之真意。如來禪於有相無相之法中，蔽覆一切不分別之分別心，追隨聖者內自證之智，遠離非正處之習氣。諸佛之加持力不同於世間植物之生長，亦非如彈奏樂弦般之次第給予，乃如鏡像與太陽自地表破曉而出，頓淨諸習氣。諸經亦如是說。

菩薩證無生法忍後，自我見至妙智之間，無得亦無不得，故安住並修行達彼岸之智。又有人做阻云：「若菩提之行乃於無餘眾生未解脫前，我不解脫，則盡施汝等之利後，留我一僧人如何趣入？如此將墮諸毀犯者、二乘與外道之中。」勿生疑惑，即惡趣亦知無所求布施，即聲聞與外道亦修持戒及禪定等善行，然彼等如盲人，因僅以此等法門無法了知法性身與無我之智。因不了知，故輪迴於三界之中。若如是輪迴，己亦不能解脫，顯無法施大利於他人。

若問應如何分辨禪修中生起之種種相？大瑜伽士眼前生起禪境時，或佛菩薩身像，或魔鬼夜叉等，因一切顯現皆如海市蜃樓，故將其視為功德或生起恐懼皆屬不當。若生此等景象，心想：「因我之神通力，故見化身及神變之相，由此自稱已入聖者之列。」或「此乃成就之相」。並生我慢與貪欲者，將壞諸佛之妙智。此等大瑜伽士將為屬鬼所制。[11]

又，倘瑜伽士極欲現觀佛陀，則諸佛之加持力將遍滿此願，佛身像必將示現。然因佛身無生無滅，故此等我見皆為自

心之顯現，其如夢似幻，不應貪著。然若佛身像不為瑜伽士出現，亦無任何相顯現，也非善事。何以故？因彼等為顛倒分別所障之各類眾生，若無顯現，其與如來禪亦不相應。此為業障重之故。

譬如日月之相可現於大海或河流，卻不現於碎石或波浪。修持內在者，亦有最勝、中間與下等之別。若相現於精進修持者，應被計為過失；若現於中間修持者，應被視為如法；若相未現於散亂之人，亦應計為過失。故相之好壞不可通說，須大善知識由不同之心相續、修行法及觀修之功德分別之。

若瑜伽士專心令相不生，或以無分別清淨自心，將見佛菩薩，所望諸相亦將為之而生。彼等不希求得證亦無所住之諸大瑜伽士，其無幻象顯現之基。彼等無調伏之因緣者，諸佛顯亦不將為其做虛妄之示現。若將其他諸像及種種相均視為心，則絲毫不見亦屬合理。倘此仍偶一見之，則為如來禪之退失，因摻雜他種禪修，或因魔羅所生之有害影像所致。故佛菩薩像、須彌山、大海、蓮花、光等任何相生，皆不應貪著，應以妙智之火，盡燒此等禪定所生之果。

若問如來禪是否無有過失？入大瑜伽者，不以妙智看心，不以法身看蘊，亦不尋心、蘊以外之實物看之。其既不以妙智看智性，亦不以法身看法身性。亦即，其知越所有邊者與三界之法相異。

眾生識生，亦住於生。聲聞及獨覺不住於生，但住於滅。菩薩樂住一切法不生不滅之聖自證之智中。如來妙智既不住於聖自證智之樂，亦不住於入無生無滅之法忍中。故此法應從菩薩之定而起，聲聞於頓遮外道後，亦容立證煖位與頂位。

此於天人所感之一切對境中，均不生亦不可得。其並非能

成就之因，亦非能證得之果。故彼等精進之大瑜伽士，不於一切法與非法中尋，彼高於法非法。如來所悟無我之法為何？具大心力者當知。

原註

1　Zongmi, *Chan Prolegomenon* [宗密〈禪源諸詮集都序〉]，section 19, Broughton 2009, 118-19 之英譯。

2　見 Faure 1997, 178-80; McRae 2003, 56-60。

3　IOL Tib J 704 有可能包括了對於本文的一篇註解。由於許多註解的段落沒有出現在此處的 IOL Tib J 710 當中，因此目前的文本可能並不完整。原作也許是翻譯自中文的一篇文章。因此，這個主題似乎並不尋常；根據 John McRae 2003, 91：「與當時所有禪文獻一樣（更不用說其他宗派的文本），有志於此之弟子仍不知所蹤。」

4　藏本：D. 107, 93b-94a；梵本：Nanjio, 97-98；中文本：T672, 602a。原梵文詞語是 *tathāgataṃ dhyāna*。藏文翻譯為 *de bzhin gshegs pa'i bsam gtan*，中文為如來禪。

5　Adamek 2007, 339-340.

6　例如見 Eastman 1983, 58。

7　藏本：D. 107, 55a；梵本：Nanjio 1923, 10；中文本：T672, 588c。梵文是 *mahāyogayogino*；藏文是 *rnal 'byor chen po'i rnal 'byor can*[3]；中文是大瑜伽行瑜伽師（「大瑜伽」即是大修行）。在日本禪宗，同樣的 *daishugyō*，在《正法眼藏》（*Shōbōgenzō*）中，是第六十八卷的標題。

8　醫生的譬喻也被使用於 IOL Tib J 709（第五篇文章），23r 的同樣內容中。

9　這個句子的第一部分是以行間補充插入的。

10　見 P.t. 699，翻譯於第十章，其中解釋心的八個面向。

11　這個段落（9r.1-3）的一部分被 IOL Tib J 704（r2.4-r3.4）

所引用；雖然後者被標記為引用，但沒有說明文本名稱。

譯註

*1　見 CBETA 2019.Q2, T51, no. 2075, p. 185b14-16。

*2　藏文 *rtul po* 是鈍根之意，英譯似誤譯為利根（sharp faculties）。

*3　意為「大瑜伽之瑜伽士」。

第四章　傳承與修行

傳燈

　　《楞伽師資記》是早期幾個禪宗傳承傳記之一，儘管之後未受矚目，但仍是後來禪宗正統潮流的一部分。也就是說，它們將禪法置於印度僧侶菩提達摩帶到中國的傳承脈絡中，然後從一位大師傳給另一位，就像火苗從一盞燈傳到另一盞一般。這個很早就出現在《楞伽師資記》之中的譬喻，被選為禪宗傳承傳記《傳燈錄》的標題，寫於 1004 年，為禪宗重要的文本之一。由於此文本的聲名歷久不衰，使得禪宗傳記寫作的體裁被稱為「燈錄」文學。[1]

　　禪宗傳承書寫的起源是中國佛教高僧傳的體裁。這些最早寫於六世紀的傳記集與中國世俗歷史之間的共同點，遠較其與印度佛教作品間更為顯著。[2] 七世紀時，中國佛教宗派如天台宗等開始經由傳承的建構來界定自身。而後在八世紀早期，最初的兩部禪宗傳承傳記，《楞伽師資記》和《傳法寶記》撰寫完成，同世紀稍晚則有《歷代法寶記》。[3]《楞伽師資記》與其他同時期創作完成的禪宗傳承傳記的不同之處，在於整篇傳記是以一部經書為基礎，即《楞伽經》。這在中國佛教並不罕見──華嚴宗是以《華嚴經》而得名，而天台宗也被稱為法華宗。

　　然而，這並不是禪宗的發展方式，因為它的特點是「教外別傳」這句名言。雖然十世紀以前此定義尚未被廣泛接受，但《傳法寶記》和《歷代法寶記》將傳承建立在大師直傳弟子的

法脈衣缽之中，相較於《楞伽師資記》來說，在精神上較接近該詞句。《楞伽師資記》之中也有衣缽的授予，其他經文被提及的頻率也不低於《楞伽經》，但《楞伽經》仍是串起傳承諸大師之珠的絲線。

雖然同時代的兩個禪宗傳承傳記都是從菩提達摩開始的，但《楞伽師資記》卻是始於《楞伽經》的印度譯者求那跋陀羅。文本從一位譯者開始，顯示其深受高僧傳的影響，因為高僧傳通常是始於譯師的傳記。[4]

《楞伽經》為何與眾不同？很可能由於此經著重於闡明佛法的意識模型，堅持萬法唯心的主張，並由此得知大乘佛教徒的重點應是心的轉變。這就成為向漢地僧侶推薦此經的理由，因為他們的主要活動便是練習並傳授禪修。有一段時間，《楞伽經》也在菩薩戒儀式中扮演重要角色。《楞伽經》還曾與德高望重的大師神秀息息相關，後來，當禪師們將注意力轉向般若文獻時，這個與《楞伽經》的連結便逐漸退場，取而代之的是《金剛經》。[5] 這在《壇經》以及與激進的禪師神會有關的其他文本中特別明顯，而神會對神秀的批評是直言不諱的。因此，《楞伽師資記》看來就像是在禪宗傳承傳記出現過程中的一部過渡性作品。

菩提達摩在《楞伽師資記》中位列第二，此事的接受度並不高。事實上，於《曆代法寶記》中，淨覺為此備受攻訐：

　　接引宋朝求那跋陀三藏為第一祖，不知根由，或亂後學，云是達摩祖師之師求那跋陀。自是譯經三藏、小乘學人，不是禪師，譯出四卷《楞伽經》，非開受《楞伽經》與達摩祖師……彼淨覺師接引求那跋陀稱為第一祖，深亂

　　學法。[6]

　　儘管顯然有人對《楞伽師資記》不以為然，但它並非禪宗裡保留下來的唯一有關於《楞伽》的傳承。一件名為《佛說楞伽經禪門悉談章》的文本便於敦煌中文寫本之中流傳了下來。此文本為一系列禪修法的偈頌，包括被稱為「看心」的修行法，此法在其他中文及藏文禪法寫本（見第七章）中都頗具代表性。[7]因此，《楞伽》傳承傳遞了一系列的修行法，而《楞伽師資記》則將那些修行法都載入傳承的脈絡之中。

實際的傳承

　　最近學術界對於禪宗傳承史，如《楞伽師資記》等已經批判到具有敵意的地步。那些文本中不夠精確的歷史，以及它們為了符合某個特定傳承需求的建構方式，使得一些人只在其中看到它們所隱藏的自我宣傳，或至少是為了宣傳傳承的居心。這其中肯定不無道理，每個傳承的傳記都是為了把自己表現得真實且有價值，有時也為了詆毀其他傳承。在大多數情況下，僧侶們吸引護持者的需求，肯定也影響了這些傳記的創作。然而，這種對於文本和使用文本之人的看法，經常因未將修行面列入考慮而受到限制。

　　《楞伽師資記》中的實際傳記傳承像是一副骨架，其間的血肉便是大師們的教法以及相呼應的佛典經文引用。做為傳記來說，這個文本內容並不豐富，僅有簡短的關於傳承大師如何獲得並實現教法的陳述。即使是讓《傳法寶記》展現獨特風格的那些神通活動的敘述也大多遺佚，我們現在看到的僅是相當

平淡的簡略文本。如同我們在前一節所看到的，楞伽宗傳遞了一系列的禪修方法。如果我們意識到這一點，就會發現《楞伽師資記》主要是由鼓勵和融合那些修行法的教法和引文所組成。

約翰‧馬克雷的作品是視傳記的主要功能具有策略性的一個特例，他明確地連結起傳記與修行，認為「那不僅是禪宗對其宗教史的自我理解，禪宗本身的宗教運作基本上也與系譜有關」。[8] 雖然約翰‧馬克雷在同一個段落中斷言禪宗系譜的本質與任何其他的佛教傳統不同，有可能言過其實（我們看到在許多西藏佛教形式中傳承傳記，以及師徒關係均有無可比擬的重要性），但他堅持把傳承視為修行的一種形式卻肯定正確。《楞伽師資記》將傳承追溯回印度，並且連結至一本記錄佛陀話語的經典，從而證實它所描述之修行法的正當性。因此，對於一位禪師來說，試圖以此類修行法的權威來增加弟子及護持者們的印象，並證明這個修行法比其他禪師的修行法有效，必定至關重要。《楞伽師資記》大部分由禪師話語及經文引用所構成，無論是在個別指導或對群眾說法的情境中，文本也為禪師們提供了參考材料。

我們在前一章中曾提到，IOL Tib J 710 寫本中《楞伽師資記》的前一篇文章，包含了給予禪修指導者關於善知識與弟子關係的建議。那篇文章和本篇，因其實際存在於同一個寫本且書寫筆跡相同而有著連結，同時也因善知識與弟子的主題而聯繫在一起。若將兩篇文章放在一起比對，再細想寫本之所以納入它們很可能是因為它屬於一位禪宗風格的禪修指導者，我們便可以了解，《楞伽師資記》如何能夠提供這樣的指導者一個完美的師徒關係模型。此文本鏗鏘有力地傳達了一位開悟的禪

師傳授他悟境的情景，就像把水從一只花瓶倒向另一只，或把火苗從一盞燈傳向另一盞一般，它較前一篇文章補充了更為實用的師徒關係的建議。

藏文版本

藏譯《楞伽師資記》與中文本的不同之處很是有趣。它比中文版短很多，作者淨覺的〈序〉、一些求那跋陀羅及菩提達摩的教法，以及傳承的整個下半段均付之闕如。[9] 這表示文本是隨著時間而有所增補的。由於淨覺的作者身分僅在〈序〉中說明，因此他有可能並非我們所看到的藏譯本的作者，而是後來擴充文本時才將其據為己有。這在寫本文化中不足為奇，因為其中沒有知識產權的觀念，僅有鬆散的個人著作權的看法。[10]

藏譯本《楞伽師資記》之風格與大多數藏譯文獻相當不同，無論是翻譯自梵文或中文者皆然。例如，一個常見的梵文佛學術語如 *pratītyasamutpāda*（「緣起」），被譯成 *rkyen las g.yo ba*，而非常用的 *rten cing 'brel ba*。這表示此文本是在九世紀二〇年代藏文譯語標準化之前所翻譯的。另一個可能性是若甫·史坦因（Rolf Stein）所提出的：藏人對於梵文與中文使用不同的譯文。但此論點頗有可議之處，因為約在九世紀中期的敦煌譯師法成（Chos grub）翻譯來自印度的文本時並未使用不同的詞彙。此外，《楞伽師資記》中確實有些古藏文的拼寫，如「紅色」用 *rma* 而非 *dmar*，「壯年」用 *dard pa*。這些以及其他在文本中發現的古老文字都確實表明，《楞伽師資記》是在八世紀末或九世紀初譯經的早期階段被譯成藏文

的。[11]

　　藏文版《楞伽師資記》包含五位禪師的簡短生平和篇幅較長的教法說明：求那跋陀羅、菩提達摩、惠可、僧璨[*1]和道信。第一部分從求那跋陀羅抵達中國的經歷開始，他發現中國與其故鄉印度相比，是一處急需傳授大乘佛法之地。在這個段落裡，中國被描述為對佛法產生混淆的地方，當地許多人致力於與鬼神、符咒和占卜等有關之有害術法。對中國的這個描述為求那跋陀羅和他的傳承所帶來的轉變奠定了基礎。

　　這個基礎也延伸到求那跋陀羅的教法上，其中引用了《楞伽經》與其他經文。他首先對其中國聽眾說到，他在印度所授之法如何祕密，如何不適用於凡愚之人，只適用於福德深厚者，以及如何僅能如同父子關係一般的，一師傳一徒。當然，這個父子模型也是《楞伽師資記》本身的架構。求那跋陀羅接著討論他的教法所揭露的內心狀態，「安心」，它有四個連續的階段。最高階是理心，或無二，那是善與非善、佛與眾生平等一際的狀態。求那跋陀羅也從這個立場批評廣學知見，使用了包括太陽從雲後出現以及拭淨銅鏡等悟性本具的譬喻。

　　傳承中的下一位，菩提達摩，被明確地描述為求那跋陀羅的弟子，而他第一句被引述的話語是推薦《楞伽經》，他稱之為「修行之祖」。菩提達摩具體的教法可總結為三個部分：如是安心者，壁觀；如是發行者，四行；如是順物者，防護譏嫌。《楞伽師資記》通過援引安心，並將安心連結菩提達摩的「壁觀」，而創造了將某大師的教法無縫續接至下一位的方法。菩提達摩段落的其餘內容，是現在被認為唯一來自菩提達摩本人並且流傳下來的文字：《二入四行》。

　　《二入四行》的成功，約莫是因為它能夠將內在本具之無

二精神（稱為「理入」）以及如何修行的淺顯教導（稱為「行入」）結合在一起。對於既傳授禪修精神，同時也鼓勵弟子培養禪修習慣的善知識，也就是 IOL Tib J 710 之中的第一篇文章所提到的那類善知識與弟子來說，它便成為有用的教學方法。簡單來說，理入是覺受的真實本質，可經由壁觀來修習。四行則是（i）觀修自己現在的不幸乃歸因於累世之惡業；（ii）觀修讚譽和名聲等之好事，其因緣短暫，無法長久；（iii）放下所求以避免輪迴之苦；（iv）隨理而行。最後一行不僅表明理、行不分，而且理更需由行而顯。

《楞伽師資記》接下來三位中國大師的段落連貫性較低，有引言精選集的特徵。先帶出的主題——內在本具之清淨心、普通二分法的無二論，以及多學的無用——占用更多篇幅重複述說。另一個禪修的主題出現在藏文版的最後，大師道信的部分，稱為「一行三昧」。雖然這個詞語在不同禪師的著作中用來描述不同的修行法，但它的一般意義是捨棄過多的禪修法而僅專注於一種修行法便已足夠。[12] 此處它被描述為一種在真實或觀想的佛像面前靜坐的修行法：

> 欲入一行三昧，應處空閑，捨諸亂意，不取相貌，繫心一佛，專稱名字，隨佛方向，端身正相，能於一佛，念念相續，即是念中，能見過去未來諸佛。

正如我們在 IOL Tib J 710 的第一篇文章中所看到的，因為在單一修行法的說辭和實際傳授禪修給不同個性的學生之間，確實存在差異，這使得我們有必要既保留單一修行法的理念，同時也判斷各種修行教法的正確性。因此，我們再一次的

看到把這兩篇文章謄錄在同一件寫本的抄寫者,如何把修行法門以及教授這些法門的文本收集在一起。我們也了解了像《楞伽師資記》這樣的傳承文本,如何能夠充當教學和修行的指南來使用。

譯文

《楞伽師資記》

求那跋陀羅

　　宋朝求那跋陀羅三藏，中天竺國人。大乘學時號摩訶衍。元嘉（424－53）年，乘船一年至廣州，宋太祖迎於丹陽郡。[13]

　　譯出《楞伽經》，王公道俗請開禪訓，跋陀未善宋言有愧。即夕夢人以劍易首，於是就開禪訓。三藏云：

　　　此土地居東邊，修道無法，以無法故，或墜小乘二乘法，或墜九十五種外道法，或墜鬼神，觀見一切物，知他人家好惡事。

　　又云：

　　　我坐禪觀見：大福大禍，自陷陷他。我愍此輩，長劫住神鬼道，久受生死，不得解脫。或墜術法，役使鬼神，看他人好惡事。凡夫盲迷不解，謂證聖道。

　　皆悉降伏。三藏云：

　　　持此究竟之法。勿習神鬼邪魅之法；此為苦之最甚。我中國有正法，祕不傳簡。有緣根熟者，路逢良賢，途中授予。若根緣不熟，父子不得。況心有狐疑者乎？

《楞伽經》云：「諸佛心第一，我教授法時，心不起是也。」[14] 此法超度三乘，越過十地，究竟佛果處。只可默心自知，不可予凡愚之人。無心養神，無念安身，閑居靜坐，守本歸真。

我法祕默，不為凡愚淺識者所傳。要是福德厚人，乃能受行。若不解處，六有七八。若解處，八無六七。擬作佛者，先需安心。心未安時，善尚非善，何況其惡。心得安靜時，善惡俱無。依《華嚴經》云：「法法不相見，法法不相知。」

至此國來，尚不見修道人，何況安心者。時而見有一作業者，未契於道，或在名聞，成為利養，人我心行，嫉妒心造。云何嫉妒？見人修道，達理達行，多有人皈依供養，即生嫉妒心，即生憎嫌心，自恃聰明，不用勝己，是名「嫉妒」。

以此惠解，若晝若夜，懃修諸行，雖斷煩惱，除其擁礙，道障交競，不得安靜。但名「修法」，非名「安心」。若爾縱行六波羅蜜，講經坐禪二禪三禪，精進苦行，但名為「善」，不名「法行」。[15] 不以愛水灌漑業田，復不於中種識種子，如是比丘，名為「法行」。

今言「安心」者，略有四種。一者背理心，謂一向凡夫心也。二者向理心，謂厭惡生死，以求涅槃，趣向寂靜，名聲聞心也。三者入理心，謂雖復斷障顯理，能所未亡，是菩薩心，非菩提心（bodhicitta）。四者理心，謂非理外理，非心外心，心理平等，即是佛心。不見凡聖、輪涅、方便和智，無二之理事俱融。染淨一如。佛與眾生，本來平等一際。以本性清淨，名「平等心」也。

　　《楞伽經》云：「一切無涅槃，無有涅槃佛。遠離覺所覺，有無悉俱離。」大道本來廣遍圓淨。本有不從因得。如似浮雲底日光，雲霧滅盡，日光自現。何用更多廣學知見？涉歷文字語言，覆歸生死道。用口說文傳為道者，此人貪求名利，自壞壞他，非善友也。

　　亦如磨銅鏡，鏡面上塵落盡，鏡自明淨。諸法無行。《經》云：「佛亦不作佛，亦不度眾生。」眾生強分別，作佛度眾生。而此心不證，是即無定。證則有照，緣起大用。圓通無礙，名「大修道」。自他無二。一切行一切儀軌傳承[*2]，亦無前後，亦無中間，名為「大乘」。

　　內外無著，大捨畢竟，名檀波羅蜜。善惡平等，俱不可得，即是尸波羅蜜。心境無違，怨害永盡，即是忍波羅蜜。大寂不動，而萬行自然，即是精進波羅蜜。繁興妙寂，即是禪波羅蜜。妙寂開明，即是般若波羅蜜。如此了知，名為「大乘」。

　　有求大乘者，若不先學安心，定知誤矣。《大品經》云：「諸佛五眼，觀眾生心及一切法，畢竟不見。」《華嚴經》云：「無見乃能見。」《思益經》云：「非眼所見，非耳、鼻、舌、身、意、識所知，但應隨如相，見如、聞如、受如、意如。若能如是見、聞、受、意者，是名正見與正意。」

　　《禪決》曰：「蝙蝠角鴟，晝不見物，夜見物者，皆是妄想顛倒故也。所以者何？蝙蝠角鴟，見他闇為明。凡夫人，見他明為闇，皆為是妄想，以顛倒故。以業障故，不見真法。若然者，明不定明，闇不定闇。如是解者，不為顛倒惑亂，即入如來常樂我淨中也。」

大法師云：

《楞伽經》云：「說何淨其念者，遣勿令妄想，勿令漏念，念佛極著力。念念連注不斷，寂然無念，證本空淨也。」

又云：

一受不退常寂然，則佛說云何增長也。[16]

菩提達摩

魏朝三藏法師菩提達摩。菩提達摩承求那跋陀羅之後，其達摩禪師，志闡大乘。泛海至洛抵嵩，沙門道育、惠可奉事五年，方於某日，教授四行。曰：

有《楞伽經》四卷，仁者依行，自然度脫。

餘廣如《續高師傳》所傳，略辨《大乘入道四行》。法師者，西域南天竺國人，是天竺國王第三子。神會疎朗，聞皆曉悟，志存摩訶衍道，故捨素從緇。紹隆聖種，冥心虛寂，通鑒世事，內外俱明，德超世表。

悲誨邊隅，正教陵替，遂能遠涉山海，遊化漢魏。亡心寂默之士，莫不歸信。取向存見之流，乃生譏謗。

于時，唯有道育、惠可，此二沙門，年雖後生，攜志高遠，幸逢法師，事之數載虔恭，經數月諮啟，法師感其精誠，誨以真道：

如是安心，如是發行，如是順物，如是方便，此是大乘安心之法，令無錯謬。如是安心者，壁觀。如是發行者，四行。如是順物者，防護譏嫌。

此略所由，意在後文：

夫入道多途，要而言之，不出二種。一是理入，二是行入。理入者，謂藉教悟宗。深信凡聖同一真性，但為客塵妄覆，不能顯了。若也捨妄歸真，凝注壁觀：無自無他，凡聖等一。堅住不移，更不隨於言教，此即與真理冥符，無有分別，寂然無為，名之「理入」。

行入者，所謂四行，其於諸行，悉入此行中。何等為四行？一者抱怨行；二者隨緣行；三者無所求行；四者稱法行。

云何「抱怨行」？修道行人，若受苦時，當自念言：「我從往昔無數劫中，棄本逐末，流浪諸有，多起怨憎，違害無限。今雖無犯，是我宿殃，惡業果熟，非天非人，所能見與。」甘心忍受，都無怨訴。《經》云：「逢苦不憂，何以故？識達本故。」此心生時，與理相應，體怨進道，是故說言報怨行。

第二「隨緣行」者，眾生無我，緣業所轉，苦樂齊受，皆從緣生。若得勝報榮譽等事，是我過去宿因所感，今方得之。緣盡還無，何喜之有？得失從緣，心無增減，喜風不動，冥順於道。是故說言隨緣行。

第三「無所求行」者，世人常迷，貪著五欲，名之為「求」。智者悟真，理將俗反，安心無為，形隨運轉。萬

有斯空,無所願樂。功德黑闇,常相隨逐。三界久居,猶如火宅。有身皆苦,誰得而安?了達此處,故於諸有,息想無求。《經》云:「有求皆苦,無求乃樂。」判知無求,真為道行。

第四「稱法行」者[17],性淨之理,因之為法。此理眾相斯空,無染無著,無此無彼。《經》云:「法無眾生,離眾生垢故;法無有我,離我垢故。」智若能信解此理,應當稱法而行。

法體無慳,於身命財,行檀捨施,心無恡惜。達解三空,不倚不著。但為去垢,攝化眾生,而不取相,此為自利,復能利他,亦能莊嚴菩提之道。檀度既爾,餘五亦然。為除妄想,修行六度,而無所行,是為稱法行。

此四行是達摩禪師親說。[18]

惠可

齊朝嵩山沙門惠可,承達摩禪師之後。[19]沙門惠可年十四,遇達摩禪師遊化嵩洛,奉事六載,精究一乘,附於玄理,略說修道:

明心要法,直登佛果。《楞伽經》云:「牟尼寂靜觀,是則遠離生死,是名為不取今世後世淨。」十方諸佛,若有一人不因坐禪而成佛者,無有是處。

《十地經》云:「眾生身中,有金剛佛性,猶如日輪,體明圓滿,廣大無邊,只為五陰,重雲覆障,眾生不見。若逢智風,飄盪五陰,重雲滅盡,佛性圓照,煥然明

淨。」

《華嚴經》云：「廣大如法界，究竟如虛空，亦如瓶內燈光，不能照外。」亦如世間雲霧，八方俱起，天下陰暗，日光豈得明淨。日光不壞，只為雲霧覆障，眾生不能得見。若雲霧散去，則日光自現，無所障蔽。眾生同淨。清淨之性亦復如是，只為攀緣妄念諸見，煩惱重雲覆障聖道，不能顯了。若妄念不生，默然靜坐，大涅槃日，自然明淨。

俗書云：冰生於水而冰過水，冰泮而水通。妄盡而真現。故學人依文字語言為道者，如風中燈，不能破闇，焰焰謝滅。若淨坐無事，自證己心，如密室中燈，則能破闇，照物分明。

若了心源清淨，恒念禪樂，遮止六門，不入一切歪風之中，慧燈光淨，一切皆辨，佛道自成，一切行滿，不受後有。得此法身者，恒沙眾中，莫過有一。億億劫中，時有一人，與此相應爾。

若精誠不內發，三世中縱值恒沙諸佛，無所為。是知眾生識心自度，佛不度眾生，佛若能度眾生，過去逢無量恒沙諸佛，何故我等不成佛？只是精誠不內發，口說得，心不得。故《經》云：「若口說空而內著有，終不免逐業受形。」

故佛性猶如天上有日，木中有火，人中有佛性燈，亦名「涅槃鏡」。是故大涅槃鏡，明於日月，內外圓淨，無邊無際。猶如鍊金，金質滅盡，金性不壞。眾生生死相滅，法身不壞。亦如墼團壞，微塵不滅。亦如波浪滅，水性不壞。

坐禪有功，身中自證故。滅尋書中法理之心，而求成

佛，萬中無一。古書云：畫餅尚未堪飡，說食與人焉能使飽。雖欲去其前塞，翻令後橛彌堅。《華嚴經》云：「譬如貧窮人，晝夜數他寶，自無一錢分。」於法不修行，多聞亦如是。

又讀者暫看，急須併却，若不捨還，同文字學，則何異煮沸水以求冰，湍流中而覓雪？是故諸佛說說，或說於不說。諸法實相中，無說無不說。解斯舉一千從。《法華經》云：「非實非虛，非如非異。」

大師云：

說此真法皆如實，與真幽理竟不殊。本迷摩尼謂瓦礫，豁能自覺是真珠。無明智慧等無異，當知萬法即皆如。愍此二見諸徒輩，申詞投筆作斯書。

又云：

吾本發心時，截一臂，從初夜雪中立，直至三更，不覺雪過膝，以求無上道。《華嚴經》中說：「東方入正受，西方三昧起，西方入正受，東方三昧起。於眼根中入正受，於色法中三昧起。示現色法不思議，一切天人莫能知。於色法中入正受，於眼起定念不亂。觀眼無生無自性，說空寂滅無所有。乃至眼耳鼻舌身意，亦復如是。童子、壯年、男女、比丘、比丘尼、聲聞、緣覺、菩薩、六根及其餘一切亦復如是。一身能作無量身，以無量身作一身，一切如是：法身，自在之理也。」[20]

僧璨

隨朝舒州思空僧璨禪師，承可禪師後。按《續高僧傳》曰，可後璨禪師，隱思空山，蕭然靜坐，不出文記，祕不傳說法。唯僧道信，奉事璨十二年，寫器傳燈，一一成就。璨印道信，了了見佛性處，語信曰：

> 《法華經》云：「唯此一事，實無二，亦無三。」故知聖道幽通，言詮之所不逮，法身空寂，見聞之所不及。即文字語言，徒勞施設也。能辨正邪之大乘安心正理《楞伽經》云：「聖道默然，不以言說。」

大師云：

> 餘人皆貴坐終，嘆為奇異。余今立化，生死自由。

言訖遂以手攀樹枝，奄然氣盡，終於皖公山 [21] 寺中，見有聖影，詳玄傳曰：

> 惟一實之淵曠，嗟萬相之繁難。真俗異而體同，凡聖分而道合。尋涯也豁乎無際，眇乎無窮，源於無始，極於無終。解惑以茲齊貫，染淨於此俱融，該空有而闡寂，括宇宙以通同。若純金不隔於環玔，等積水不憚於結冰。

註云：此明理無間雜，故絕邊際之談。性非物造，致息終始之論。所以明闇泯於不二之門，善惡融於一相之道。斯即無動而不寂，無異而不同。若水之為波瀾，金之為器體。金為器體，故無器而不金。波為水用，亦無波而異水也。

　　觀無礙於緣起，信難思於物性。猶寶殿之垂珠，似瑤臺之懸鏡，彼此異而相入，紅紫分而交映，物不滯其自他，事莫權其邪正。隣虛舍大千之法，剎那總三際之時。懼斯言之少信，借帝網以除疑。蓋普眼之能矚，豈惑識以知之。

　　註云：此明祕密緣起，帝網法界，一即一切，參而不同，所以然者，相無自實，起必依真，真理既融，相亦無礙故。巨細雖懸，猶鏡像之「相入」。彼此之異，若殊色之交形，一切即一，一即一切。緣起無礙。

　　理理數然也，故知大千彌廣，處纖塵而不窄，三世長久，入從略以能容。自可洞視於金墉之外，了無所權。入身於石壁之中，未曾有隔。是以聖人得理成用，若理不可然，則聖無此力。解則理通，礙由情擁。普眼之惠，如實能知。如猴著鎖而停躁，蛇入筒而改曲。涉曠海以戒船，曉重幽以惠燭。

　　註云：猴著鎖喻戒制心，蛇入筒喻定息亂。《智度論》云：「蛇行性曲，入筒即直。」三昧制心，亦復如是。《金光明最勝王經三身品》中說，佛雖三名，而無三體也。

道信

　　唐朝蘄州雙峯山道信禪師，承璨禪師後。其信禪師，再敞禪門，宇內流布，有《菩薩戒法》一本，及制入道安心要方便法門。

為有緣根熟者，說我此法，要依《楞伽經》，諸佛心第一。

又依《文殊說般若經》一行三昧，即念佛心是佛，妄念是凡夫。

《文殊說般若經》云：「文殊師利言：『世尊，云何言一行三昧？』佛言：『法界一相，繫緣法界，是名一行三昧。若善男子、善女人欲入一行三昧，當先聞般若波羅蜜。』

『如說修學，然後能入一行三昧。如法界緣，不退不壞，不思議，無礙無相。善男子、善女人，欲入一行三昧，應處空閑，捨諸亂意，不取相貌，繫心一佛，專稱名字，隨佛方向，端身正相，能於一佛念念相續，即是念中，能見過去未來諸佛。何以故？念一佛功德無量無邊，亦與無量諸佛功德無二，不思議佛法等無分別，皆乘一如，成最正覺，悉具無量功德。』」

如是入一行三昧者，盡知恒沙諸佛法界，無差別相，夫身心方寸，舉足下足，常在道場，施為舉動，皆是菩提。《普賢觀經》云：「一切業障海，皆從妄想生，若欲懺悔者，端坐念實相。」是名第一懺，併除三毒心、攀緣心、覺觀心、念佛心。心心相續，忽然澄寂，更無所緣念。

《大品經》云：「無所念者，是名念佛。」何等名無所念？即念佛心，名無所念，離心無別有佛，離佛別無有心，念佛即是念心。求心即是求佛。所以者何？識無形，佛無形。[22]

原註

1 這篇文章之全名《楞伽師資記》（藏文：*Ling ka'i mkhan po dang slob ma'i mdo*），其中「楞伽」指的是《楞伽經》的傳承。

2 見 Kieschnick 1997 和 Shinohara 1998, 306-7。特別的是，道宣所著之《續高僧傳》是《楞伽師資記》的主要資料來源。

3 所有這些傳記都保存在大正版的中文佛典中。《曆代法寶記》是 T2075；《楞伽師資記》是 T2837；《傳法寶記》是 T2075[*3]；《景德傳燈錄》是 T2076。

4 Shinohara 1998, 306.

5 見 Lin 2011, chap. 2 及 Faure 1997, chap. 6。

6 Adamek 2007, 164-65.

7 Faure 1997, 156-57；Jao and Demiéville 1971, 87.

8 McRae 2003, 8.

9 中文文本現存於大正藏（T85, n.2837）及幾件敦煌寫本中。P.c. 3436 幾乎是完整的，但缺少淨覺（683－750？）的〈序〉。長卷軸 Or. 8210/S. 2054 之中有〈序〉，但文本在道信大師的中間段落就停止了。還有更多片段在 P.c. 3294、3537、3703 和 4564，以及 Or. 8210/S. 4272 中。直貢噶舉澈贊法王 2010 年曾發表《楞伽師資記》一書，其中包括了翻譯成藏文的中文文本的第二部分。

10 關於歐洲寫本文化中的著作權問題，見 Dagenais 1994。也見 Cabezón 2001 關於西藏著作權問題的研究。

11 這裡我接受了 Ueyama 1971 而非 Stein 1983 和 Faure 1997, 170-71 的說法。但 Stein 對於藏譯中文字彙的想法是有道

理的，例如，在《楞伽師資記》中，我們看到某些用來翻譯中文詞語的藏文字彙，當我們在其他譯本中看見時，意義並不一樣，例如將 *gzhung*（經典、正文）翻譯中文的「理」，將 *phyi mo*（祖先、底本）翻譯為「本」。

12 用來翻譯中文一行三昧的藏文是 *gcig spyod pa'i ting nge 'dzin*，一行三昧又用來翻譯梵文的 *ekavyūhasamādhi*（一嚴三昧）和 *ekākāra samādhi*（一相三昧）。見 Faure 1997, 67-69。

13 一份更早的資料記載，求那跋陀羅於元嘉十二年抵達中國，也就是西元 435 年。見 Glass 2007, 38。

14 本篇文章中引用的經文很難與現存的佛典文獻作比對，而且似乎是直接譯自中文而未參考審定後的藏文經典譯文。這可以進一步證明《楞伽師資記》是一篇早期的譯作。

15 IOL Tib J 710 寫的是「不善」，但此處我遵照中文文本，因為藏文本似乎抄寫錯誤。

16 中文各版本在這裡還有更多被認為是求那跋陀羅的開示內容，但文風不同。

17 注意這個「行」在此處的名稱與上面清單之中的細小差別（*reg pa*[*4]〔觸〕／*'thun pa*〔隨順〕）。

18 中文版《楞伽師資記》在此處還有更多被認為是菩提達摩的教法內容。這些教法包括「指事問義」，也就是 McRae 及其他人所認為的機鋒對答的前身。那些教法不在這裡，就如同其他大師段落中所缺少的內容一樣，表示這些都是後來才加進文本中的，它們在文本被翻譯成藏文時（八世紀晚期？）尚未出現，但撰寫中文寫本時（九到十世紀）才被添加進去。這是上山大峻的結論，Faure 1997, 168-69

重申。

19 在其他資料中，惠可通常被說成是來自河南虎牢。此處藏
文的 Stsang chu 可能是有些含糊的嵩山的音譯，嵩山是河
南聖山，也是少林寺所在之處。

20 這段長引文事實上是從《華嚴經》中譯本第十二卷偈頌段
落的意譯。《楞伽師資記》的中文版給予這段引文更接近
經文的詳述版。然而，與前面段落不同的是，中文版在此
處之後也沒有更多的內容了。

21 此處的藏文是 Hwang kong。Cleary 1986, 44 說是「崐山
寺」。關於在崐公〔山〕獻給僧璨的舍利塔題辭，見
Adamek 1997, 473n131。

22 由於中文文本在此處並未終止，顯然藏文僅翻譯了它所依
據的中文本的第一卷（bam po）。然而 IOL Tib J 710 寫本
似乎已經結束了，所以這件藏文本似乎是做為一個完整的
單元來抄錄和保存的。

譯註

*1 《楞伽師資記》中所記載者為：「隋朝舒州思空『山粲』
禪師。」（CBETA 2021.Q2, T85, no. 2837, p. 1286b6）另
見印順導師之《中國禪宗史》：「盧州獨山，在崐公山
東，與崐公山相連。所以論地點，這位獨山僧粲禪師，與
傳說的崐公山粲禪師，顯然是同一人……。」（CBETA
2021.Q2, Y40, no. 38, p. 47a9-10）

*2 此處藏文 spyad po'i chog dang dus so chog，作者譯為一切
行一切儀軌傳承（all rituals and lineages）然 dus 為時，應

是要翻譯中文的「一切行一時行」，若譯為「all practices and all times......」似較合乎語意。

*3　應是 T2838。

*4　作者此處似誤植為 *reg pa*，寫本中所寫為 *'phrod pa*（適當）。

第五章　機鋒和空性

機鋒對答

　　在一名求知若渴的弟子和一位已開悟大師之間的問答，其間大師的回答顛覆了弟子隱含於問題之中的假設，這可能是最著名的禪宗文學形式。這裡是數百則案例的其中一則，主角是八世紀的禪師石頭：

> 某僧問石頭：「如何是祖師西來意？」
> 石頭曰：「問取露柱。」
> 僧曰：「我不會。」
> 石頭曰：「我更不會。」[1][*1]

　　這些問答通常涉及明顯不合邏輯、有敵意或容易引起爭論的回答，以及意料之外的肢體動作，如拍打或攆走學生。雖然它們對於後來的禪宗傳統非常重要，但卻完全不是我們在敦煌寫本中所發現的西藏或中國禪法的特色。中國第一部大型問答文集《祖堂集》出現於 952 年，而將這些問答納入禪宗傳承史的古典權威資料是 1004 年出現的《景德傳燈錄》。這兩本書都沒有在敦煌圖書館洞窟中找到，而且此處中文及藏文的禪宗寫本也對約翰・馬克雷所稱的「機鋒對答」這個充分發展的傳統似乎一無所知。然而，敦煌寫本中的確包含了幾件能夠說明這種古典禪文獻體裁先例的文本。這些寫本有助於我們了解機鋒對答所具有的演示性及可理解性，而非僅是直接記載了某某

禪師向他其中一位弟子說了什麼話的歷史紀錄。²

正如我們在第一章中所見，口語的問答形式可於禪修入門儀式中使用，以便讓那些剛接觸禪法修行和精神之人了解它在佛教傳統中的地位與正當性。此種對於所有潛在的相對意見予以回應的用意，在第六章的問答文本中也會看到。此處所要翻譯的文本，〈頓入修行要法〉（*Cig car 'jug pa'i lon mdo bsdus pa*），則有些不同。它採取了一種更加自信的立場，塑造了一位禪師在實際應用空性一切概念化的表述時坦然自若的形象。然而，它還不算是典型機鋒對答的形式，因為禪師與弟子均不具名，取而代之的是一種普遍適用的範式，它展示了一個完美禪師的典範，此禪師運用啟發式教學法對弟子的提問給予針鋒相對的回答。³

雖然〈頓入修行要法〉和後來的機鋒對答給人的印象是即興討論的紀錄，但有證據顯示，若將它們理解為儀軌的進展會更合適。在敦煌中文寫本中發現了一篇文章，〈五方便〉，便是典型禪修特色的儀軌，它從信徒接受菩薩戒和懺悔罪愆開始。儀軌的主要部分與禪修及其教義背景有關，而且是以戒師與修行者之間的對話來進行的。例如：

戒師問：見何物？
答：一物不見。^{*2}
問：看時，看何物？
〔答：〕看，看無物。^{*3}

戒師打木〔訊號板〕問言：聞聲不？^{*4}
〔答：〕聞。

〔問：〕「聞」是沒？
〔答：〕聞是不動。
〔問：〕離念是沒？
〔答：〕離念是不動。[4][*5]

　　因此，機鋒對答的文獻有可能是從這些儀軌形式發展出來的。[5] 無論如何，即使〈頓入修行要法〉這樣的對話並非用於儀軌，但它在修行上仍發揮了一些作用。當我們細究此文本的寫本 P.t. 121 時，就可在抄寫者所抄錄的其他文本上對其可能的用途有些許了解。此問答之後是一篇有層次的哲學觀點解說（同樣翻譯於後）、一系列常見的禪修偈頌、無住禪師「三句言教」說明，以及一篇關於各種佛教概念的文章，如三寶和十善等。這些都是教育性質的文本，為了研究或教學所做。它們都是以潦草且速成的筆跡，一篇接一篇地寫在一本小摺頁寫本上。

　　抄寫者似乎寫得飛快，因此寫本也許是為了他或她個人所使用的。[6] 但這樣做的目的是什麼？也許這份寫本的內容代表了一群教師和弟子所使用的文本集錦。這些弟子可能從其他資料來源抄寫特定順序的文本供自己學習或記誦之用。P.t. 121 小巧的尺寸也說明它是個人而非儀式所用。雖然寫本本身並沒有文本的使用說明，但我們確實有一些敦煌中文寫本的抄寫者明確表示自己是抄錄文本的在家弟子。其中有好幾件寫本包含了禪法文本。[7]

空性與禪

正如我們在前一章看到過的，雖然《楞伽經》是早期禪發展的重要經典來源，但隨著各傳承更普遍地開始使用般若文獻，特別是《金剛經》時，它便逐漸喪失了這個角色。八世紀時，這種情況在神會所撰寫（或編纂）的《壇經》中最為明顯，因為它高度讚頌了《金剛經》的功德。《壇經》以敘述惠能和尚的開悟為開端，而神會繼承了惠能的傳承。根據這個故事，惠能年幼時在市場以賣柴維生。某天，他聽到一位客人念誦《金剛經》，瞬即開悟。他問此人在何處習得此經，客人回答，他去見了禪宗五祖弘忍，弘忍常勸告僧俗門人，只要持誦《金剛經》就能自見其性，直了成佛。惠能於是前去尋訪弘忍，入其寺院，最終成為禪宗六祖。

在《壇經》中最重要的禪修戒儀中，惠能廣泛地運用《金剛經》。此種模式也出現在 P.t. 116 當中，正如我們曾經談論過的，它收錄了一整部《金剛經》抄本。那麼為何是這部特定的經文呢？基本上，《金剛經》是佛陀與弟子須菩提之間的對話。從這個對談當中衍生出兩大主題，第一是空性的教義，這是所有般若文獻的特色，但《金剛經》採取了一種特殊的方法避開了論證與分析，甚至沒有使用「空性」這個詞語。反之，佛陀不斷地運用對立的論述，讚頌菩薩的福德以及如來的品行，同時又否認它們存在。這個方法對於二元對立的概念，特別是將佛教修行概念化為一條必將產生結果之既定過程，是種挑戰。

般若文獻的否定式說法，在印度佛教傳統的中觀或「中道」法的哲學論述中得到了補充說明。從二世紀的龍樹開始，

中觀文本嘗試駁斥當時出現於佛教阿毘達磨文獻以及其他各種
印度傳統之中，有關法性（*dharma*）的宗教哲學見解。根據
中觀的說法，一切法之自性為空（*śūnya*）。龍樹及其追隨者
經常使用否定法，試圖說明其他哲學立場的自相矛盾性，但也
教授緣起法則，即一切事物的存在均仰賴其他事物，此法在
常、斷兩種極端的見解之間提供了一條中間道路。亦即，法的
空性與緣起性並無二致。

　　雖然中觀對於中國禪宗的影響已多有討論，然而這種影響
在藏文禪法寫本當中更為明顯。例如，一篇名為〈鶴勒那夜奢
尊者禪定要義之教法〉（英 *A Teaching on the Essence of
Contemplation by Master Haklenayaśas*，藏 *Mkhan po 'gal na yas
bas bsam gtan gyi snying po bshad pa*）的短篇文章，就將禪法
描述為「中觀頓入之法」：

　　　大乘禪定之法繁多，其最勝者為中觀頓入之法。頓入法
即無方便法，應如實修習法之自性：法即是心，而心無所
生。心無所生即空，猶如虛空之故，非六根之行境。此空
名為「覺受」，然於該覺受中亦無覺受之自性。因此，應
以無住於聞、思之慧，修習平等之法性。[8]

　　這篇題名為印度禪宗二十三祖所作之短文中，提供了以修
行為基礎的中觀見解，其對於空性的理解分為兩個階段，首先
是萬法唯心，其次是心「無所生」──即無自性。這種中觀的
訴求，在後來西藏薩迦及噶舉的傳統中也很常見。[9]

　　後面所翻譯的第二篇文章，緊接在 P.t. 121〈頓入修行要
法〉之後，標題是〈大乘中觀要義〉。它列出了非佛教和佛教

的哲學層級，首先是非佛教的斷滅論，接下來是非佛教的常存論，相對於人（梵 *pudgala*，藏 *gang zag*）的無常狀態，他們相信自我（梵 *ātman*，藏 *bdag*）永恆存在。由此處文本解釋「人」這個藏文詞彙的兩個部分（*gang* =「充滿」，*zag* =「漏」）的方式，說明了它是以藏文創作的。下一個層級是聲聞和獨覺，這兩者都被認為未具有大乘之抱負，因為他們不顧一切有情眾生的福祉，僅為了自身利益而趣入涅槃（雖然此處之獨覺據說在入涅槃後會間接地利益眾生）。

在此之後，大乘被分成兩個主要的哲學宗派，「唯識」和中觀。前者被描述為傳授萬法唯識以及一切事物均具有之三自性，其最勝者為圓成實性。雖然前兩個自性不存在，但圓成實性卻的確存在。這個最後的論點正是中觀批評唯識之處，也於此處有所說明。

至於中觀，它被分成兩種思路：瑜伽行中觀與經部行中觀（後者的意思是「隨順經教的中觀論者」），八、九世紀佛教在西藏建立之時它們曾經盛極一時。此處的瑜伽行中觀派除了不承認圓成實性的存在之外，被認為與唯識學派相同。經部行中觀派則依據真理的兩個層次，即世俗諦及勝義諦來闡述。世俗諦是緣起法則之顯現，如同幻像一般。勝義諦則否定所有的戲論分別：「無二、離四邊、無生滅、離言絕慮、無取捨、無實性、不住不染、離主客。」將經部行中觀學派放在最後一個層級，表示文本認為這是最究竟的哲學觀。

有趣的是，這使得〈大乘中觀要義〉與題名鶴勒那夜奢（Haklenayaśas）之短文中的進路不同。整體來說，這篇文章較接近西藏傳統，而非中國式的。一篇哲學層次極為類似的論述是〈區別見解〉（英 *Distinguishing the Views*，藏 *Lta ba'i khyad pa*），為八世紀西藏譯師尚・也協德（Zhang Ye she sde）所寫的文章，在藏文佛典以及敦煌寫本當中皆可看到。其他的佛典文本及寫本也呈現出類似的層次，而在後來的西藏傳統中，對哲學觀點的闡述遵循著同樣的模式，僅在內容上略有變化。[10]

另外，〈大乘中觀要義〉與其他著作不同，它肯定地在修習的架構中描述哲學觀點的層次。其開頭段落將背景設定為瑜伽的修習，強調這種修行的重要性，但也警告，若修習者抱持常存論或斷滅論之見解（藏 *lta ba*，梵 *dārṣana*）將會誤入歧途。最後一段則肯定正確的哲學理解和成功的觀修之間的關聯性，將文本帶至「令心得定」的結語。

因此，回到寫本本身的內容來看，飛快書寫的筆跡，以及在 P.t. 121 當中所撰寫的諸文本表示，它是某個傳承教導下的弟子所抄寫的，在這個傳承中，禪修雖舉足輕重，但仍附帶了一些義理教學。義理的部分，此處（在寫本最後一篇文章也是如此，它收集了各種佛教名相如三寶等）以簡潔的文風來呈現，如此便是很適合在家弟子或新戒僧侶的禪修輔助用品。

譯文

〈頓入修行要法〉（*Cig car 'jug pa'i lon mdo bsdus pa*）

因果無實法，亦不由自性生，其無住無所得於任一邊，此名之為「勝義諦」。謂大乘者，因其至高無上，越一切聲聞、獨覺、菩薩之乘，故名「大乘」。謂「中觀」者，其既不住常、斷，有、無之邊，亦非文字語言能詮之境。非有不似虛空，非無亦不似兔角，既不云最初即有，亦不云此時無有。佛云：「無所思中令受生」，然此僅為授予初修業者之法，如獅一般具大精進力之士夫，其不言覺受，且步履所至，於四威儀盡皆無住無分別。

問：見此手指否？
答：見。
又問：現在見？
答：見。
問：若有此手指時能見，沒有時如何見？豈不妙哉？
答：手指有來去，然見之相續不斷，何妙之有？要義如佛所說：「若離見、聞、受、識之法，如何能見？答：愚者、聲聞與獨覺之見，卑劣且著相，故我方便說離（見等）法。」若了義，將不離見、聞、受、識之法。

煩惱因何非為菩提？譬如冰與水並無不同。依最初之受，了知受之自性。了知受之自性時，將頓知一切有情後來之受。正受之意，不云生於最初。[*6] 來者從何而來，去者將去何處？譬如窮人之衣中有金，其不見時非無，取出

後見之，亦非彼後來得之，故解義時，初受即為後受，後受與初受無別。

問：見色否？

答：色不見我。

問：汝亦爾否？

答：我亦爾，於一切無分別。

問：將安立何名？

答：提一問。

問：若無想於色，如何問答？吾將於有想與無想之見中提一問？

答：我見有想與無想。

問：如何見？

答：我不見有想，亦不見無想。

問：一切法如何清淨？[11]

答：法與心皆無，分別心生起時，萬事錯亂。若心不分別，萬法清淨。

問：可否為法性安立一擇定之名？

答：法無名可立，何以安名？

問：法有名無或法無名無？

答：我已離法之有無。

問：何為離有無？

答：法性離一切。

〈頓入修行要法〉完結。

〈大乘中觀要義〉（*Theg pa chen po dbu ma'i don*）

凡欲知般若清淨法界性者，首先應依三種智。具聞思之智者，先應確立見地，而後觀修法界平等性智，於一切時中熟練瑜伽之行。若起初未確立見地，將落緣取常斷四邊之中，有所緣為般若智之一過失。於種種有所緣之見中，倘各自判別列舉，實則為數眾多，然簡言之，皆為外道之各種見，如常、斷二者等。

外道斷滅派*7之見為：既無過去、未來之性命，亦無善業、惡業，更無善惡業之果，無善趣、惡趣，亦無輪迴、涅槃。[12] 所獲之身不過父精母血偶然之因緣合和，雖此生受盡苦樂，然死後一切皆亡，如材燼火滅，無有餘物。此其見矣。

外道持獨有之常見者則視此身為人。自出生始，其前半生乃為長養及擴充根器與蘊，名「充滿」（*gang*）；前半生後，根器與蘊將壞滅，名「漏」（*zag*）；於前生與來生之間因業力所致，生與蘊結合入胎，復成為「人」（*gang zag*）。此人即我。「我」乃恆常之心智。如籠壞鳥飛，蘊滅後將再執他蘊入胎，執者亦為此「我」。我之本性如全然純淨之水晶，然其為黑暗、塵俗及有情所障蔽，由此三者之力生「心意」。由心意生分別之心。分別種種分別心即為輪迴。遮止輪迴因之法即不分別，不分別可純淨心智。若心意純淨，黑暗、塵俗、有情三者亦將清淨，故可得如水晶般澄淨之心性，此即謂「涅槃」。

聲聞聖有四：墮罪聲聞、轉變聲聞、化身聲聞、寂靜聲聞。墮罪聲聞乃畏懼三界諸行，信解修行涅槃之人。其斷盡粗想後見寂靜道，此即其所名之涅槃。此時彼將生些許神通，使

其親見未來轉生之處，其心想：「吾已得涅槃」，於見來生時，便發謗言稱：「佛法亦非真」，故墮有情地獄。

轉變聲聞乃先入聲聞乘，後遇修行大乘之善知識，遂成大乘。化身聲聞為須菩提及舍利子等已圓滿證悟成佛者，然為帶領諸聲聞眾入大乘，故善巧化現為聲聞之身。寂靜聲聞能解一切法之四共相，即通達一切法無常、苦、空、無我，而後入四聖諦：知苦、斷集、證滅、修道。其厭離輪迴，信解涅槃，自我降伏，自我息止，使自身致力於涅槃。滅有之識，知人無我，然不解法無我。捨煩惱障，然未捨所知障。具我智，然不知方便。成我利，然不見他利。因執寂靜消融暨一無所有之要義，故以寂靜為涅槃。

獨覺聖之見為：不觀待善知識，以一己之智，了知一切緣起之法，並憂懼世間之法。其知斷一切苦後，勝義諦清淨、無垢、光明自顯，以世間之智無法得知，以聖者之智方能了知趣入。此全然寂靜，即謂涅槃處。自了知後，即獨自觀修。其不以口傳法，僅以種種神變化身示之。

大乘之見有二：唯識及中觀。唯識之見為：萬法為空，其皆因虛妄、分別之心意所見，然勝義諦並非不存。如染病之人難以思慮，或食顛茄葉*8者，見虛空有細毛及針等，其無實性，僅為虛妄之力所現。若分別一切法之遍計所執性、依他起性及圓成實性，可得遍計所執性及依他起性所生諸法非有，僅圓成實性乃究竟實有者。倘離有、無，主、客，如為風熄滅之油燈，智慧乍現。勝義諦並非不存，倘不存，則正見及淨行亦無義趣。

中觀亦有二：瑜伽行中觀及經部行中觀，瑜伽行中觀類唯識。此二中觀終僅一義，且其辯駁唯識之見。經部行中觀問：

「汝一剎那智為世俗諦耶？勝義諦耶？倘為世俗諦，則容許為真，若為勝義諦，則不容為真。」答：「為勝義諦。」覆云：「汝曰一剎那智離有、無，主、客，又云勝義並非不存。故其非離主、客，且必有可緣之相。」

經部行中觀之見為：一切法不離緣起法，此二中觀均隨順此見。因一切法皆為緣起法，故世俗諦乃幻化之戲法，如水中月或幻景並非不存。於勝義諦，法界乃無二、離四邊、無生滅、離言絕慮、無取捨、無實性、不住不染、離主客、即便細如微塵之相或所緣亦無。

已如實了知一切法之清淨本性後，便可趣入證得人無我及法無我，並無二無別地了知一切無生法界、我界與法界、般若及一切清淨之本性乃一味矣。以此觀修之智，令心得定。

原註

1　英譯文出自 Ferguson 2011, 82。

2　關於「機鋒對答」的定義，見 McRae 2003, 77-78。

3　另一件文本，中文原著之藏譯本，描寫禪師智達（神秀的弟子，活躍於八世紀早期）與某位弟子的問答談話。那就是〈頓悟真宗要訣〉，見 P.t. 116 之第八篇文章。一篇敘文（藏譯中無）中說，此處的大師與弟子實際上象徵了單獨一位智者的心境。藏文本已由 Ueyama 1976 以及多半以此為基礎的 Tanaka and Roberston 1992 做過研究。雖然這件文本明顯代表了一種文學形式，影響了後來的機鋒對答，但它並沒有此處〈頓入修行要法〉中所發現的針鋒相對的回答。

4　英譯文出自 McRae 1986, 173, 180。

5　John McRae 2003 似乎對於究竟應將機鋒對答視為一種文學形式，還是一種紀錄實際寺院問答的口語傳統舉棋不定。Alan Cole 2009, 10-11 為此批評了 McRae，他認為：「創造傳統的是大師，而非那些精明之史學家。」但這個批評可能也有失公允。

6　見 van Schaik 2007 關於以潦草的字跡寫下的寫本，有可能是來自口語資料，也見 van Schaik and Galambos 2012, 30-34 關於寫本有可能是非藏人所撰寫的。

7　關於在家弟子所寫的中文寫本，見 Mair 1981。

8　這個版本是 IOL Tib J 709 之中的第八篇文章。另外一個版本在 IOL Tib J 706 及 P.t. 812 之中。其他禪法寫本中的中觀文本，包括了 IOL Tib J 617 中的龍樹〈一百智慧論〉（*Prajñāśataka-nāmaprakaraṇa*），以及 P.t. 116 的〈一

法〉中，龍樹和聖天的語錄。

9　van Schaik 2004a, 79-80.

10　〈區別見解〉（*Lta ba'i khyad pa*）是在 P.t. 814 中發現的；藏經的版本則是 D.4360。其他含有不同哲學見解特性的文本，包括 IOL Tib J 693 及 P.t. 842。其中最後一個寫本使用略為不同的兩種中觀名稱，「外中觀」和「內瑜伽中觀」。見 Karmay [1988] 2007, 149-51 對於這些敦煌寫本及相關佛典文獻的簡短討論。

11　寫本上似乎有些毀損，因為這裡沒有提問，並且重複了 *ci ltar na chos thams cad*（一切法如何）這段字。

12　Vṛthāsuta 是對藏文音譯 *'bri ta spu ta* 重新建構的一個可能的梵文詞語。它似乎類似「隨機出現」的意思。

譯註

*1　這段中文翻譯，出自《景德傳燈錄》卷 14：「長沙興國寺振朗禪師初參石頭，問：『如何是祖師西來意？』石頭曰：『問取露柱。』曰：『振朗不會』，石頭曰：『我更不會。』」（CBETA 2021.Q3, T51, no. 2076, p. 311b11-13）

*2　《大乘無生方便門》：「和問言：『見何物？』子云：『一物不見。』」（CBETA 2020.Q1, T85, no. 2834, p. 1273c6-7）

*3　這兩句話是從 P.c. 2058 的第一篇文章，名為〈大乘五方便北宗〉中找到的。

*4　《大乘無生方便門》：「和尚打木問言：『聞聲不？』」

（CBETA 2020.Q1, T85, no. 2834, p. 1274b19）

*5　這幾句也是從 P.c. 2058 的〈大乘五方便北宗〉中找到的。這裡「沒」的意思，應該是「麼」，即什麼。

*6　經比對藏文|*yang dag pa'i tshor ba'i don ni*| |*dang po yang skye bar mi bshad*| |*da yang myed par myi bshad do*|：正受之意，既不云生於最初，亦不云此時無有。作者似乎漏譯了「亦不云此時無有」。

7　請參照原註第 12。譯者比對藏文寫本後，認為原藏文並非如同作者所說的「'bri ta spu ta*」，而是「*'bri ha spu ta*」。*RangjungYeshe*（《藏英辭典》）中說 *'bri has pa* 是一種古老的斷滅論體系。

*8　此處所說之有毒植物可能是顛茄，顛茄的分布很廣，從西歐至喜瑪拉雅山皆有。見網路資料 http://tcm-toxic.kmu.edu.tw/index.php/%E9%A1%9B%E8%8C%84，食用此種植物之葉或果實，會中毒並產生幻覺。

第六章　法諍

摩訶衍與法諍

　　儘管後來的西藏傳統對禪宗的印象，與漢地和尚摩訶衍和印度僧侶蓮花戒（Kamalaśīla）之間的法諍歷史敘事密不可分，但我們沒有理由將此敘事視為精確的史實紀錄，事實上，這樣做絕非明智之舉。正如導論中討論過的，最早的西藏法諍故事來自《巴協》，而流傳下來最早的《巴協》版本可能是寫於十二世紀，其中的辯論故事似乎與西藏兩個氏族之間的相互較勁息息相關。正如其標題所示，此敘事將巴氏族成員置於西藏佛教建立過程中的最前沿。氏族競爭在西藏社會很普遍，於吐蕃帝國時期，巴氏族和卓氏族之間便有過幾個明爭暗鬥的例子。

　　在《巴協》中，巴氏族成員於擊敗摩訶衍一事上扮演了重要的角色，而據說摩訶衍的支持者是卓氏族的皇后。我們從其他資料（見第九章）了解到，卓氏族的成員是禪師的護持者。[1] 從氏族之爭的角度來看，《巴協》中的法諍故事可以說是提供了一個可回溯至吐蕃帝國時期的既存先例，其中摒棄了摩訶衍的傳承以及支持此傳承的卓氏族成員。在後來的西藏歷史中，法諍故事的後續版本改變了重點，使得被用以代表整個中國佛教的頓悟法門遭到駁斥。在後來的這些著作中，故事的功能不再是確立某特定氏族擁有帝國佛教主張的優先權，而是賦予了一個有著皇朝關聯的論述前提，即唯有能被證實是來自印度的傳承才是正宗的佛教傳承。

　　早期的中文版法諍故事則迥然不同，這並不奇怪，因為它的背景和功能不同於《巴協》和後來的西藏史料。中文文本的完整標題是《頓悟大乘正理決》。它是由中國官員王錫所收集的幾組問答所構成的，王錫曾是河西觀察判官（當地政府的主管官員，其職權範圍包括敦煌）的助理。這些問答還附帶了王錫所寫的一篇〈敘〉，解釋它們何以會被紀錄下來。〈敘〉中講述藏王通過邀請包括摩訶衍在內，來自印度和中國的大師到拉薩而將佛教帶入了西藏。摩訶衍於西藏王室中開始傳授禪修法門，也在轉變西藏貴族成員的信仰立場上有所成效。然而，他也引起了印度法師們的憤怒，他們試圖禁止他傳法：

> 　　首自申年（792年），我大師忽奉明詔曰：「婆羅門僧等奏言，漢僧所教授『頓悟』禪宗，並非金口所說，請即停廢。」我禪師乃猶然而笑曰：「異哉！此土眾生，豈無大乘種性，而感魔軍嬈動耶？為我所教禪法，不契佛理，而自取殄滅耶？」……於是奏曰：「伏請聖上，於婆羅門僧，責其問目，對相詰難，校勘經義，須有指歸；少似差違，便請停廢。」帝曰：「俞！」婆羅門僧等，以月繫年，搜索經義，屢奏問目，務掇瑕玼。我大師乃心湛真筌，隨問便答，若清風之卷霧，豁覩遙天，喻寶鏡以臨軒，明分眾像。[2]

　　這就是接下來的問答背景，但故事並未就此結束。根據王錫的說法，撼動此事件的，並非僅僅是摩訶衍的回答，而是其西藏弟子的抗議。兩名僧人或以火燒自己的頭髮，或以刀子自傷表達抗議。另有三十人威脅，若藏王下令抵制摩訶衍，他們

便要盡脫袈裟。由於這是在西藏僧團建立的早期階段，這樣的
威脅很可能曾被嚴肅以對。根據王錫的說法，它徹底摧毀了對
方的士氣，讓他們放棄了辯論。這個故事的一些元素，包括自
傷的僧侶等，似乎與藏文版如出一轍。但也有些顯而易見的差
異。

　　首先，在王錫看來，這不是辯論，而是歷時一年的廣泛討
論。主角的位置沒有給出，也沒有說明摩訶衍和印度僧人在這
一年中是否實際見過面；問題和解答很可能分別寫好並來回傳
遞。在桑耶寺舉行的，充滿了戲劇性和高度象徵意義，由藏王
親自主持的辯論會，看來像是對於這個故事的後續發揮。這兩
份紀錄之間另一個顯著差異是藏王的最終判決，根據王錫的說
法，藏王對於摩訶衍及他的教法十分肯定：

> 至戌（794）年正月十五日，大宣詔命曰：「摩訶衍所
> 開禪義，究暢經文，一無差錯，從今已後，任道俗依法脩
> 習。」[3]

　　相反的，在《巴協》中，藏王諭令頓悟法門有誤，僧侶們
必須追隨龍樹，但就龍樹及其教法在藏文禪法寫本中的重要性
而論，這本身就是一種諷刺。王錫本人是摩訶衍的弟子，所以
他的陳述確實具有最早的優勢，但他絕不是一位公正的觀察
者。他的說詞與《巴協》相同，是一種旨在產生特殊效果的敘
事。辯法的敘事曾在中國佛教中發揮重要的作用，它塑造了傳
統的發展方向。例如，在摩訶衍的時代，盛傳神會曾在滑台的
寺院召開辯法大會，在辯法會上，神會成功地為他激進版的禪
修辯護。儘管這個故事廣為人知，但約翰·喬根生（John

Jørgensen）卻懷疑其中含有「虛構的問答」，實際上是為了掩蓋神會在辯法會中的失敗所撰寫的。[4] 因此，我們不得不遺憾地做出《正理決》並未比《巴協》提供更多可靠史實的結論。它一直就是故事而已。[5]

還有另一個早期的記載，但它非常簡短。在九世紀末或十世紀初，西藏學者努・桑傑耶謝於其著作《禪定目炬》中，對佛教傳播到西藏的一段簡短陳述中提到了摩訶衍和蓮花戒，但其中看不出他知道兩者之間有任何衝突。這段文章似乎表示，在摩訶衍到訪後，藏王與僧侶之間所產生的疑慮是由蓮花戒以及其他人所解決的。這或許可做為蓮花戒所著的《修習次第》之參考材料。這些作品和《正理決》確實都論及相似的主題，雖然立場視野不同，也沒有任何一方的文本提及另外一方。雙方似乎都是為了裨益西藏王室而撰寫的，而且也都為某種獨特的佛教教學法進行辯護，但沒有一方提供任何理由讓人相信作者們曾經見過面，甚至通過信。[6]

無論如何，正如我們在導論中所看到的，在摩訶衍和蓮花戒傳法活動之後的數個世紀裡，中國禪法繼續在西藏流傳且有人修行，至少一直到十三世紀。後來的西藏史，譬如十四世紀布敦（Bu ston）所寫的頗具影響力的佛教史，為這個故事添加了更多元素，妖魔化了摩訶衍以及中國佛教。例如，據說摩訶衍返回漢地後，派遣中國刺客殺害了蓮花戒。如此異想天開的故事進一步說明，正宗印度佛教的真正接班人是西藏，而非中國。

《正理決》的作用

　　當保羅‧戴密微於 1952 年出版《正理決》時，他的譯文伴隨詳盡冗長的註解，帶出許多與該時期相關的其他文本。《正理決》是將傳統獨立的禪門敘事與已知的歷史人物，如八世紀下半葉統治西藏的藏王赤松德贊結合在一起的最成功的嘗試之一。[7]然而，我們不該忽略《正理決》諸寫本副本是在更晚之後的十世紀才抄寫的事實。可以確定的是，無論是誰寫下了流傳至今的《正理決》和《巴協》抄本，那都不是為了給二十和二十一世紀的學者提供一個八世紀事件的精準記載用的。現代史學家們運用寫本的方式與它們早期的功能大相逕庭，因此很難為了重建後者而將前者僅留置於背景之中。但是如果我們不想天真地將這些文本當成他們所描述事件的文獻來源，這麼做還是有必要的。

　　最完整的《正理決》版本見於 P.c. 4646[*1]，它採用源於印度棕櫚葉書籍的貝葉活頁樣式。這是敦煌藏文佛教寫本最普遍的形式，但在中文寫本中卻相對罕見。就像許多寫本一樣，這是一部彙編，其中包含五個文本：

1. 《維摩詰所說經》
2. 《文殊師利所說般若波羅蜜經》
3. 《頓悟大乘正理決》
4. 神秀《觀心論》
5. 《禪門經》

　　顯然，如果《正理決》被認為是一篇具有重要歷史價值的文章，那麼此處它的同伴便很奇怪。這件寫本從兩部在禪傳承之中很受歡迎且經常被禪本引用的佛經開始。《正理決》的問

答位於寫本中間,接下來則是關於禪修法的兩篇文章。文本的編排方式讓人聯想到 P.t. 116。經典文本之後是一系列的問答,這些問答是為了在傳統的佛學結構中找尋禪法的定位,最後再以兩篇禪修法的論述做結尾。因此,這件寫本有可能是另一件用於開示或入門儀式的基本材料彙集。

還有藏文版的《正理決》。藏文寫本由 IOL Tib J 703 及 P.t. 823 組成,雖然並不完整,但裡面至少包括了兩個文本:藏文《正理決》,及另一篇問答文本〈無所得一法論〉,〈一法〉也出現於 P.t. 116,已在第一章中討論過。〈一法〉其實與《正理決》非常類似,兩者問答的排列順序皆使得教義立場能夠逐步建立。事實上,〈一法〉中的問題比藏文《正理決》的問題有著更清楚的實際否定的印象,例如,「若謂僅修習智慧資糧,無法成就無上正等正覺,未修習福德資糧故。」儘管如此,〈一法〉之中沒有表示這是實際辯法的紀錄,那些否定式的說法更像是一種基礎架構,於此架構中協調頓、漸法門的立場似乎逐漸成形。

其他許多中文和藏文禪法論著也使用問答的形式,這些問題的語氣從恭敬求解到對明顯的矛盾和錯誤進行反問都有。總之,這些都是一種文類體裁的習慣作法。[8] 我們知道在一場辯經中,這些問答的儀式化運作本身就是禪傳承中的一種修行法。日本僧侶圓仁(793－864)的一段敘述,顯示了在標準的教學儀式中,正式化的辯經是如何進行的:

> 在那之後,維那來到高椅前,宣讀舉辦法會的原因、每位功德主的姓名和他們捐贈的物資。之後他將這份文件傳給主法法師,這位主法法師手執拂塵,他逐一細看功德主

的姓名，並個別為其祈福。而後，辯經者會爭論義理，提出問題。當他們提出問題時，法師會舉起他的拂塵，一位提問者完成提問時，他會放下拂塵然後再舉起，感謝〔提問者的〕問題，然後回答。他們會紀錄問題和回答。在日本也一樣，只是〔提出義理中〕困難處的儀式有些不同。法師將手在身邊放下三次之後，在做出任何解說之前，〔辯經者〕會突然提出這個難題，並像個暴怒之人一般用盡力氣吶喊，法師會接受這個問題並回答，不再反問問題。[9]

這段敘述與《正理決》中較為對立的問答相當吻合：問題被提出，然後解答，並且「不反問任何問題」。圓仁在這裡所描述的實際儀式中的戲劇元素，說明了辯經場景的戲劇性是如何融入到實際上普通且非對立的儀式環境當中的。這也有助於我們了解，即使王錫《正理決》的〈敘〉將問答的場景設定於戲劇般的歷史敘事中，也可以在這樣儀式化的辯經場景中發揮作用。

藏文寫本

P.t. 823 當中的問答與《正理決》中的某些問答相吻合的事實，是由今支由郎（1975）率先提出的。今支表示，在此藏文寫本中，大多數的問題都與出現在《正理決》文章中以「舊問」為開頭的問題相吻合。這說明藏文寫本代表了一個較早的文本，於編纂《正理決》時被納入其中。如果這些問答確實來自摩訶衍於西藏王室中的傳法活動，那麼有可能藏文版才是原

件，然後再翻譯成中文；同樣的，它們也有可能是以中文創作，為了利益西藏王室才翻譯成藏文。無論如何，這都強烈地說明了《正理決》是一篇有著不同來源的兼容並蓄的文章，其中的一個源頭便是 P.t. 823 當中的藏文文本。

P.t. 823 是一本摺頁式寫本，但它的開頭和結尾都已遺佚。後面的譯文將 P.t. 823 與同一原始寫本的另一部分整合在了一起，這個原始寫本在某個時間點被拆散了，因此這兩個部分最後分別位於巴黎和倫敦。倫敦寫本 IOL Tib J 703 在結尾處添加了另外兩個摺頁，裡面並非更多的問答，而是引用了一長段經書引文，講述練習禪修的重要性勝過僅僅修學佛法。寫本的最終部分仍舊不見蹤影，但這段經文很可能就是藏文《正理決》的結語。

P.t. 823 的開頭仍然沒有找到，但是藏文《正理決》文本的開頭部分出現在別處的另一個寫本中。這是 P.t. 827，粗製濫造的幾行文字，寫在一個中文捲軸的背面。這幾行文字包含了兩個文本，兩者皆沒有標題。第一個文本非常類似摩訶衍在其他著作中的禪修五法；這裡的五法是處理覺受的不同（而且一種比一種更好）方式：

1. 妄想生，不覺。

（英 Not experiencing perceptual activity；藏 *'du shes byung ba ma tshor*）

2. 隨覺。

（英 Chasing experience；藏 *'du shes byung ba la tshor ba'i rjesu 'brangs*）

3. 不使覺妄想生。

（英 Not allowing the perception of experience to

arise；藏 *tshor bas 'du shes byung du myi ster*）

4. 妄想生，止覺。

（英 Peacefulness through experiencing the arising of perception；藏 *'du shes byung ba la tshor bas zhi ba*）

5. 不隨覺。

（英 Not chasing experience；藏 *tshor bas rjesu ma 'brangs*）

這顯然是一件關於禪修的文本，與 P.c. 4646 寫本寫在《正理決》之後的神秀的作品有許多相似之處。接在它後面的文本，就是與 P.t. 823 部分重疊的文本，它為我們提供了遺失的藏文《正理決》開頭的幾行文字。這些問答與中文《正理決》不謀而合，僅有一個例外：中文《正理決》中的第一個問答，在藏文本中只是一段引言（亦即這裡只有回答，但沒有提問）。[10] 這在藏文文本中的效果很好，因為這段引言為接下來問答中的詢問與開示設下了定解：

據大乘經云：離一切妄想習氣，則名諸佛。所以令看心，除一切心想妄想習氣。此諸大乘經所云矣。

接下來的前六個問答詳細解釋了這段言簡意賅的論述。此處所引用的特定經典均有名稱，《楞伽經》也與般若諸經一起反覆地出現。想（藏 *'du shes*，梵 *saṃjñā*）的本質被描述為被有分別心的活動所染汙的感知，亦即「取外境」。習氣（藏 *bag chags*，梵 *vedanā*）沒有解釋，這說明預期文本的信眾應該了解這個層次的佛教教義。在第五和第六問中則描述了看心（藏 *sems la blta ba*）的修行要點（詳見第七章）。

其他的問答涉及相關的主題，特別是六波羅蜜的關聯性。

第十個問答要求經典的證明，並為其提供了引文，這個問答比其他的要長得多，有可能是後來才加上去的。也就是說，藏文《正理決》似乎代表了最早期的中文《正理決》，又由於另外一個文本的存在，說明它本身也可能是文本長時間發展的結果。〈無分別論〉（*Myi rtog pa'i gzhung*，發現於 P.t. 21）包含了《正理決》中的第三、第四和第七個回答，但沒有提問。我們無法得知這篇簡短的文章是在《正理決》之前還是之後出現的，但它卻顯示了這些文本的不穩定性和變化性。

中文《正理決》文章中區分出舊問與新問，肯定是一篇組合而成的作品。這可能意味著什麼？若我們依照王錫〈敘〉的字面意義來看，那麼文本的組合性便是由於摩訶衍和印度僧侶們於一年期間內往來問答的結果。它也有可能表示文本並不像〈敘〉所描述的那樣。相反的，它可能是與摩訶衍有某些關聯的各種問答文本的彙編，集中後，再將其置於西藏法諍的情境中，成為一個敘事的框架。無論如何，若我們詳細檢視中文和藏文寫本中與《正理決》一起抄寫的文本，我們就可以更清楚它的原始功能，這可能與一直以來史學家所認為的它們的用途有著很大的不同。

譯文

據大乘經云：「離一切妄想習氣，則名諸佛。」[11] 所以今看心，除一切心想妄想習氣。此諸大乘經所云矣。[12]

問：所言大乘經者，何名「大乘」義？

《楞伽經》曰：「緣有妄想，則見有大小乘，若無妄想，則離大小乘，無乘及乘者，無有『乘』建立，我說為『大乘』。」

問：離一切相名諸佛，是何經說？

《金剛經》有云，《大般若經》、《華嚴》、《楞伽》等經中，亦具廣說。

問：言「一切想」者，其想云何？

「想」者，心念起動，及取外境，言「一切」者，下至地獄，上至諸佛以下。《楞伽經》云：「諸法無自性，皆是妄想心見。」[13]

問：想有何過？[14]

想過者，能障眾生本來一切智，及三惡道久遠輪迴，故有此過。《金剛經》說，亦令離一切諸想。

問：云何「看心」？

反照心源看心，想若動，有無、淨不淨、空不空等，盡皆不思，不觀不思者亦不思。故《淨名經》中說：「不觀是菩

提。」

問：作何方便，除得妄想及以習氣？

妄想起，覺之。生死覺竟，不隨妄想作業，不取不住，[*2]念即是解脫般若。《金剛經》及《大寶積經》亦云：「不得少法，名無上菩提。」

問：六波羅蜜等及諸法門，要不要？

如世諦法，六波羅蜜等，為方便顯勝義故，非是不要。如勝義離言說，六波羅蜜及諸法門，不可說言要與不要，諸經廣說。

問：六波羅蜜等要時，如何修行？

修行六波羅蜜者為內為外。內外有二種：內為自渡，外為饒益有情，所修行方便者。據《楞伽經》及《思益經》，修六波羅蜜時，於一切法，無思無觀，三業（身、口、意）清淨，由如陽炎，於一切不取不住。

問：修此法門，早晚得解脫？

如《楞伽》及《金剛經》云：「離一切想則名諸佛。」隨其根性利鈍，如是修習，妄想習氣亦歇，即得解脫。

問：又行此法義，有何功德？

無觀無想之功德，思及觀照，不可測量，佛所有功德，應如是見。且如此之少分，據《般若經》云：「假令一切眾生、天、人、聲聞、緣覺，盡證無上菩提，不如聞此般若波羅蜜

義，敬信功德，籌數所不能及。何以故？人、天、聲聞、緣覺，及諸菩薩等，皆從般若波羅蜜出；人、天及菩薩等，不能出得般若波羅蜜。」又問：何名般若波羅蜜？所謂無想無取，無捨無著，是名般若波羅。及《入如來功德經》：

> 或有於三千大千世界微塵數佛所供養，承彼佛滅度後，又以七寶莊嚴其塔，高廣例如大千世界，又經無量劫供養之功德不及聞斯法義，生無疑心，而聽所獲福德，過彼無量百千倍數。

又《金剛經》云：

> 若有人滿三千大千世界七寶，已用布施，及以恒河沙數身命布施，不如聞一四句偈，其福甚多，不可比喻。

大乘經中，廣說此義，其福德除佛無有知者。

問：若離想不思不觀，云何得一切種智？

若妄心不起，離一切妄想者，真性本有，及一切種智，自然顯現。如《華嚴》及《楞伽》等經云，如日出雲，濁水澄清；鏡得明淨，如銀離鑛等。

問：若不觀智，云何饒益有情？

不思不觀，饒益有情者，《入如來功德經》中廣說。由如日月，光照一切；如意寶珠，具出一切；大地能生一切。

問：說執境、執識、執中論此三法中，今依何宗？

此義是般若波羅蜜無思大乘禪門，無思義中，何論有三，一亦不立。《般若經》中廣說。

問：義既如此，何為諸經廣說？

如諸經所說，祇說眾生妄想，若離妄想，更無法可說。所以《楞伽經》云，一切諸經，祇說眾生妄想，真如不在言說之中。

問：佛如何說眾生妄想？[15]

佛之一切智智及行境，不可思議不可稱量，以識不可估量，以慧亦不容得知。故無法測知「佛意」或「佛所作」。大乘諸經云：「離一切妄想習氣，則名諸佛。」所以令看心，除一切心想妄想習氣。[16]

請聽佛子我，說清淨佛道，若僅由聽聞，無法得成就。
譬如力弱者，沖入汪洋海，將飢渴而亡，不修法亦爾。
譬如施衣食，予有情眾生，身饑饉而亡，不修法亦爾。
又如一醫者，身懷所有藥，然亡於胃疾，不修法亦爾。[17]
出生近宮殿，俱足安樂處，卻無食與衣，不修法亦爾。
譬如聾樂師，能奏諸樂器，僅愉悅他人，不修法亦爾。
譬如盲畫師，能畫於鬧市，己卻無緣見，不修法亦爾。
譬如一船夫，救眾於大湖，獨留竟身亡，不修法亦爾。
又如世間人，能說諸妙善，己卻未能得，不修法亦爾。[18]

原註

1 《正理決》中提到卓氏族的一位皇后是摩訶衍的主要支持者，而在 P.t. 996（見第九章）的傳承史中，則提到此氏族的一位傑出人士是大師布・益西央（sPug Ye shes dbyangs）的支持者。在吐蕃帝國末期以及帝國沒落後的時代，卓（'Bro）氏族及巴（Dba'）氏族之間的鬥爭似乎愈演愈烈。這種敵對情況甚至被認為是 830 年代末期國王熱巴堅（Ral pa can）被暗殺的背景（見 Yamaguchi 1996）。帝國分崩離析之後的首次內戰是在北方邊境，卓氏族的一位地方官與中國的新統治者們結盟，而巴氏族的一位將軍便發動戰爭來確立自己地方軍首領的地位（見 Petech 1994）。

2 英譯文出自 Demiéville [1952] 2006, 39-41。

3 同上，頁 42。

4 對於滑台辯法大會真實性的懷疑，見 Jørgensen 2005, 64-65。關於此辯法故事的廣泛影響，見 Yanagida 1983。

5 關於《巴協》的英譯文，見 Pasang and Diemberger 2000。西藏桑耶法諍的敘事曾被許多論文討論過；例如：Imaeda 1975 及 Seyfort Ruegg 1992。關於數世紀以來，西藏對摩訶衍這個人物正反兩面的評價，見 van Schaik 2003。

6 從《禪定目炬》而來的段落是 Gnubs sangs rgyas ye shes（努・桑傑耶謝）1974, 15.1-5。這些文字一點也不明確，而 Karmay [1988] 2007, 92-95 的英譯應該被認為是暫時性的。三個歸屬於蓮花戒的文本全都是以《修習次第》來命名，見 D.3915-17：藏 Bsgom pa'i rim pa，梵 Bhāvanākrama。關於此文本與《正理決》之間主題的關聯性，見 Gómez

1983b。

7　關於後來使用《正理決》和《巴協》來重建歷史的嘗試，
　　見 Yampolsky 1983。

8　見 McRae 1986 中所翻譯的文本。

9　Poceski 2008, 87.

10　藏文本中還缺少了一段出自《佛頂經》的引文（中文版
　　本：T953）。關於藏文本的重建，見 van Schaik 2014, 37-
　　39。

11　按照 Gómez 1983a 的說法，在這篇文章中，*gzhung* 通常指
　　的是諸經，而非《楞伽師資記》中所說的「理」。

12　此文本的第一部分一直到問題三，都是取自 P.t. 827。

13　這段文字並非出自《金剛經》*3，雖然它的確出現在其他
　　幾本經書中。總的來說，這篇文章作者的引文，似乎是指
　　經書的共通立場，而非直接引述。

14　從此問以下之文字是取自 P.t. 823。

15　這個問題和其餘的內容未見於中文版本中。

16　現存文本其餘的部分（P.t. 823 正面最後一行及全部的 IOL
　　Tib J 703 正面）乃直接取自《華嚴經》（*Avataṃsaka*）（D.
　　44, 207b–208a）。這個段落是一整組十句的偈頌，由法吉
　　祥菩薩對文殊師利菩薩所說。

17　此處被省略的一個偈頌，在藏經及《經集》
　　（*Sūtrasamuccaya*）的版本中找到。

18　此偈頌僅留下第一行的一部分，但餘下的似乎都可以自行
　　了解。這是此組《華嚴經》偈頌的最後一個偈子。

譯註

*1　於 P.c. 4646 中之標題為《頓悟大乘正理決》，但 CBETA 中饒宗頤所使用者為《頓悟大乘政理決》。於本文中，由於作者大多僅以 *The Ratification* 稱之，故譯者一般均譯為《正理決》。

*2　《頓悟大乘政理決》：「答：妄想起不覺，名生死；覺竟，不隨妄想作業，不取不住。」（CBETA 2019.Q4, B35, no. 195, p. 821a13-14）這裡的譯文與中文版略有差異。

*3　文中所說為《楞伽經》而非《金剛經》，應是作者筆誤。且「諸法無自性」的確出現在許多經典中，但「皆是妄想心見」則僅見於《頓悟大乘正理決》。

第七章　看心

禪師摩訶衍

　　雖然我們知道這位名為摩訶衍的和尚對西藏禪法有重大影響，但我們對他的背景卻知之甚少。在《正理決》〈敘〉裡，摩訶衍的老師中有一位叫降魔藏的人，他是神會對抗北宗的論戰對象之一。由於這個原因，摩訶衍經常被認為是北宗的代表人物，但這是有爭議的。首先，「北宗」之名並非是一個自我歸屬認同，而是神會和他的追隨者（他們自稱為「南宗」）用來指稱其他更成功之禪修傳承的論戰標籤。被神會批評的禪師們則以其他的名稱來稱呼自己的傳承，譬如「東山法門」，或稱為《楞伽》傳承。[1]

　　其次，摩訶衍可能真的視神會為老師。宗密（780－841）的《禪信》[*1] 便將摩訶衍列為神會的學生之一。由於摩訶衍比神會年輕一代，從時間順序上來說這種可能性相當高，並且就敦煌中文禪法寫本在義理上並無嚴格的區分來看，即使在義理上有差異也不足以排除這種可能性，更遑論是藏文寫本了。[2]

　　這種不嚴格區分義理的特性是寫本的特色。如同我們已於第二章中看過的，在 P.t. 116 和其他寫本中的大師教法彙編就包括了神會和與北宗有關的禪師。摩訶衍本身教授如來禪，此被視為神會的專長（見第三章），他還使用了原先與神秀聯想在一起的用語「看心」。因此，若想否認摩訶衍曾經師從神會以及與北宗有關的禪師的可能性，就像是想在宗派之間劃下嚴格的界線，但這樣子的界線根本不曾於任何時間點存在過。

　　當然，神會攻擊其他禪師時戰力極強，但這並不表示那些接受他指導的弟子都未曾尋訪過其他著名禪師。神會的其他弟子也並非亦步亦趨地遵循他的對立法，而是試圖將他的教法與既定的規範進行交流，使其更適用於修行。[3] 此處所翻譯的摩訶衍的文本顯示了一種類似的用心，即在單一法門和頓悟的教義，與對多種修行法和漸修法的需求之間進行協調。

　　摩訶衍的形象在他去世許多世紀以後，在西藏再次發生了變化。在十世紀初的《禪定目炬》中，摩訶衍據說是以菩提達摩為首的大師傳承的第七位。在很久以後的十四世紀，《大臣遺教》（*Blon po bka'i thang yig*）重寫了這段來自《禪定目炬》的段落，將摩訶衍描述成密續的專家：

　　　　和尚摩訶衍實修十二種法。在大乘密咒中，他接受多級灌頂，亦展示諸多壇城。[4]

　　雖然有些人認為這是一種蓄意的扭曲，但它卻在一個出人意料的地方得到了證實，即《正理決》的中文文本，其中王錫告訴我們，當摩訶衍到達拉薩時，「我大師密授禪門，明標法印」，[5] 這個密授可能採取了何種形式？我們在導論中已經討論過於戒壇上授予菩薩戒儀式在八世紀傳播中國禪法時所發揮的作用。無庸置疑地，密續佛法的概念與這些戒壇儀式有關。例如，密續大師善無畏的弟子一行（683－727）便建立了一個名為「五佛圓明壇城」的壇城，明確地參考了密續的曼荼羅。從敦煌本身來看，我們有個常見的文本詳細解釋了與戒壇有關的儀式，它借鑑了密教修持法，同時又堅定地留在禪修傳承中。[6]

我們在《正理決》中看到摩訶衍與印度大師為了爭取王室的支持而彼此競爭，因此摩訶衍在向西藏王室介紹自己時，很可能使用了密教的語言及某些儀式。在西藏就像在漢地一樣，密法老師應該要可以展示一系列擷取自經續的術法，這便給漢地的教師們製造了一些壓力，因為他們必須設法配合。因此，有趣的是，後面所翻譯的較長的文本是以兩段經文引用做結尾，但沒有指出是哪個特定文本。其中一段不是來自佛經，而是來自《密集金剛根本續》（*Guhyasamāja tantra*），大瑜伽的重要經典之一。

雖然《大臣遺教》依據十四世紀西藏主流的密續大師典範描述了摩訶衍的正面形象，但事實上，這正是西藏最後的禪宗傳承走入歷史的時刻。當時的普遍趨勢是將摩訶衍妖魔化為一位錯誤禪修法的倡導者：藉由壓抑內心的活動，製造徹底無意識的狀態。從後面翻譯的文本可以清楚地看出，這是一個具有歷史錯誤的摩訶衍教法版本；然而，在指導學生禪修的實際情況中卻顯然是一個有用的說詞。它還有助於維持一種意識型態，即西藏代表了佛所說之法唯一完整和正確的傳承。[7] 然而，即使《正理決》對於摩訶衍的理論只有簡化了的描述，也足以使一些藏人相信他是被誣陷了。例如，十八世紀的伏藏師吉美・林巴（'Jigs-med gLing-pa）寫道：

若無憶念和無想會導致拒絕伺察明辨智之過失，那麼勝者的般若諸經也能導致此種過失。因此，僅有圓滿成就之如來才能了知和尚之見，無他人能。[8]

摩訶衍的禪修法

敦煌寫本所提供的摩訶衍本人的著作，確切地顯示出《巴協》之中的法諍敘事是如何扭曲了他的立場。在已知最早的《巴協》版本中，摩訶衍所說的話為：

　　心之分別所生善不善之力令眾生流轉於輪迴之中，於或高或低界中感受果報。凡無思亦無作者可自輪迴解脫。如是，應離一切想！至修行之十法如布施等，僅為授予缺少善業者，即彼等生於較低界具鈍根及孱弱心智之人。[9]

這段文字使得摩訶衍成為反修行教義的倡導者。事實上，摩訶衍在自己的著作中並沒有貶低修行，而是對禪修提供了相當詳細的說明。在此處所翻譯的文章中，摩訶衍描述了稱為「看心」（藏 *sems la bltas*）的修行法：

　　入禪修時，應觀己心，心既無物，故無所思。若分別心動，應覺之。「應如何覺？」心動時，不分別動、不動；不分別有、無；不分別善、不善；亦不分別染汙或清淨。其不應分別為任何法。若如此覺受心動，即為無自性。此即謂「修道」。

此處摩訶衍在其禪修方法指導中，結合了重複否定的表述與正面的言語來傳達心的覺照功能。與其說他壓抑心的活動，不如說他提倡的是一種對於覺受不加分析的形式。我翻譯為「覺受」的藏文是 *tshor*，它本身就是翻譯自中文的「覺」。

在佛學梵文的翻譯中，這兩個字都可以代表梵文的 *vedanā*，「感覺」或「感受」，這是十二支緣起法的其中一個，因此本質上是輪迴過程的一部分。另一方面，在禪宗文獻中，「覺」的意義更為正面，這種涵義可能是來自早期的中國文獻如《莊子》，其中「覺」指的是一種清明合宜的意識形式。

對於摩訶衍來說，*tshor* 是解釋禪修的關鍵概念。它是一種基本的意識狀態，本身既非正面也非負面。正如〈頓悟禪修法要〉後面翻譯的第二篇文章所說明的，造成禪修程度優劣差異的，並不是覺受的存在，而是對這種覺受做什麼或者不做什麼。摩訶衍乃至整個中國佛教所似乎認同的空白的內心狀態，在這篇文章中其實是被直接批評的。這裡對於內心活動的壓抑，以及住於寂靜之狀態是第三和第四種方法，相較於「念念即滅」的第五種方法，是較差和較不正確的。這篇文章的一段結論顯示出後來西藏對於摩訶衍倡導抑制思考看法的扭曲程度：

> 故不應抑制妄想。不矯治一切生起，如捨厭棄。任其自息，不隨順。[10]

這就是摩訶衍所說的「看心」。《正理決》中對禪修法的敘述使用了同樣的用語，也題名摩訶衍：

> 反照心源看心，想若動，有無、淨不淨、空不空等，盡皆不思，不觀不思者亦不思……妄想起，覺之。生死覺竟，不隨妄想作業，不取不住，念念即是解脫般若。

這裡的描述很簡潔，但說明了一種內省的技巧，將注意力從六門（見、聞、觸、嗅、味、末那或意）的感官印象上移開，轉向一個沒有感官的「心」。中文版《正理決》將這種轉向的作法，以一段出自《大佛頂首楞嚴經》的引文來介紹，該引文說：「一根既反源，六根成解脫。」[11] 轉而向內之後，上面兩個段落中所描述的看心修行法，實際上是一種覺受內心活動而不加入判斷或分析的過程。

以「看心」為名的禪修法並非摩訶衍所獨有，在早期禪師的作品中也可以看到，包括臥輪（逝於 626 年）和神秀。在敦煌中文寫本中發現了臥輪的一篇文章，標題為〈臥輪禪師看心法〉。看心修行法也被幾部經書所引用，包括《大佛頂首楞嚴經》。[12] 如果說摩訶衍的看心法與早期大師如神秀等有所不同，那就是簡化並排除了從那些早期修行法承襲而來的更具分析性的觀心法。因此，摩訶衍之法協調了，或說試圖協調神秀和他弟子（包括摩訶衍自己的老師降魔藏）所傳授的諸修行法，與神會所堅持之真實心性的頓悟法。

毫無疑問的，這是一項困難的任務。盧斯‧戈梅斯（Luis Gómez）在他對此處翻譯的文本所作的研究中認為，摩訶衍未能就六度等法門是否確有必要提出前後一致的論述。然而此處所翻譯的三篇文章以及第二章的譯文，卻在這個問題上顯示了始終如一的立場。根據摩訶衍的說法，對於那些無法頓見心性之人，六度所體現的佛法修行是有必要的。但是對於那些已能見性之人，六度並非棄之不用，而是在禪修的狀態下任運而生。因此，他在中文《正理決》中否認這些方法對於那些利根之人是有必要的，並非是戈梅斯所認為的「致命的錯誤」，而是與他所有著作的立場完全相符。[13] 此外，值得一提的是，這

種區分不同根性弟子的作法並非摩訶衍的發明，在接下來的幾個世紀裡，此法也持續被印度和西藏的佛學大師所使用。[14]

摩訶衍的寫本及其關聯性

在敦煌所發現的寫本中，總共有五件被認為是摩訶衍作品的藏文文本，其中幾件有數個不同的抄本。如同中文《正理決》的〈敘〉中所闡述的，這證實了摩訶衍對禪法於西藏流傳中重要性。這些文本包括：

《頓悟大乘正理決》

藏文版的《正理決》是由不完整的寫本 P.t. 823 和 IOL Tib J703 共同組成。這個版本缺少開頭和結尾。另外一件抄本有文章開頭，在 P.t. 827。還有一個不同的版本裡面只有一些回答，但沒有問題，位於 P.t. 21。沒有任何一件寫本的版本可被確認為摩訶衍所著，所以我們將其掛名於他，只是以中文版本來推論的。此文本已於第六章中翻譯。

〈和尚摩訶衍之頓悟禪修法〉（*Mkhan po ma ha yan gyi bsam gtan cig car 'jug pa'i mdo*）

這是實際上題名摩訶衍的最長的藏文文本。它從兩頁摺頁的 IOL Tib J 468 開始，一直到同一原始寫本一部分的 IOL Tib J 709。兩件寫本之間缺少了一頁（第三頁），而 IOL Tib J 709 也缺少第五和第六頁，因此文本主要有兩處缺頁。由於我們沒有此文本的其他抄本，文章的連貫性因缺頁而無法確認，儘管有一段《禪定目炬》中的引文顯示此文本在第一個缺頁處

確實能夠接續。[15] 我在這裡假設文本於第五和第六頁的大缺頁處也能連接，雖然沒有客觀證據能證明這一點，但文章的最後部分在主題上很接近題名摩訶衍的其他文本，特別是關於六度的討論。翻譯於後。

〈和尚摩訶衍之頓悟禪修法要〉（*Mkhan po ma ha yan gyi bsam gtan cig car 'jug pa'i sgo dang bshad pa'i mdo*）

這篇文章較上面那篇精簡許多，恰可證明其標題的訴求，即一篇較長文本的簡短摘要或濃縮版本。從寫本中留存的許多版本來看，它似乎很受歡迎。它出現在 P.t. 117、812 和 813 以及一個有些微差異的文本 P.t. 827。它也因足夠有名而被努·桑傑耶謝的《禪定目炬》所引用，其中還包括了寫本中所沒有的一段結語。翻譯於後。

〈無分別禪修總攝六及十波羅蜜法之精要〉（*Bsam gtan myi rtog pa'i nang du pha rol tu phyin pa drug dang bcu 'dus pa bshad pa*）

這篇短文專門論述了《正理決》和〈頓悟禪修法〉中也討論過的一個主題：六度與頓悟禪修法之間的關係。該文本唯一完整的版本在 P.t. 116。另一個版本缺少文章結尾，在 P.t. 117。翻譯於第二章。

〈摩訶衍之教法〉

這僅僅是出現在〈一法〉中的一行字：「無思無分別地安坐於無思維之法性中。」請注意，這個簡單的禪修指令對題名

摩訶衍的其他文章中較為詳盡的禪修法解說並不公道。第一章
中討論了〈一法〉的各種寫本版本。

盧斯‧戈梅斯還將 P.t. 812 中一篇關於中觀要義的簡短文
章歸於摩訶衍，然而，這個歸屬是對另一個名字的誤認，原本
應該是指鶴勒那夜奢。某位抄寫者將「'Gal na yas」，寫成
「'Gal ya na」，於是被另一個人「更正」為「Ma ha yan」。
在 IOL Tib J 709 中可以找到一篇寫著正確姓名的更好的抄
本。

所有這些摩訶衍的文本都與其他文本一起被謄錄到寫本彙
編之中。沒有任何一件寫本將摩訶衍的所有文章集中在一起。
因此，我們雖然可以說摩訶衍是西藏禪門的重要人物，但是他
的作品與這些寫本彙編中所發現的其他類似禪本的待遇大致相
同。

包含〈頓悟禪修法〉在內的幾個寫本組成了一件貝葉活頁
式彙編（IOL Tib J 468 加 IOL Tib J 709 加 IOL Tib J 667）。與
另一件大型彙編 P.t. 116 不同，這份寫本似乎不是為了特定儀
式所編排的。裡面所有文章都是關於禪修及相關的修行法門。
由於寫本寫得很仔細，可能是由受過教育的僧侶或抄寫員所寫
的，所以它似乎不是學生的隨寫筆記。從風格和內容來判斷，
它可能被用作教學或開示的參考書。這件彙編顯示出對於建立
西藏版禪法的濃厚興趣，它以摩訶衍的文章做為開頭，並以據
說已被赤松德贊正式核可的文章做結尾，而摩訶衍應該就是在
其在位期間訪問了西藏。這件寫本還有一個有趣的紀錄，可見
於它最後一頁的背面，那裡被某位抄寫者用來練習寫字，他在
上面寫下了不同文章的標題。這位抄寫者的筆跡與 P.t. 116 的
第一頁和最後一頁相同。所以這份寫本在後期似乎是由收藏和

修復了唯一大型禪法文本彙編的同一人所擁有。

最後，摩訶衍的〈頓悟禪修法要〉被謄錄到四件不同的寫本彙編中，都是與其他禪修法門的相關文本在一起。在貝葉寫本 P.t. 813 中，它與包括神會在內的其他禪師的語錄一起出現，很可能是教學和開示的參考材料。另外兩個抄本（P.t. 812 和 827）寫得很潦草，有可能是學生從口語或書面資料中抄寫下來的。這些例子都顯示出摩訶衍的文本很受歡迎，但與寫本中許多其他文本的功能並無不同。沒有任何跡象顯示出後世西藏傳統和近期的學術研究，所賦予摩訶衍與其著作那樣無可比擬之歷史特殊性。

譯文

〈和尚摩訶衍之頓悟禪修法〉（*Mkhan po ma ha yan gyi bsam gtan cig car 'jug pa'i mdo*）

世間生死輪迴之始為分別之心。何以故？因無始之習氣致分別心動，如何動便如何見、如何見便如何行、如何行便結何果。故上至諸佛，下至地獄，均由分別心所化，亦為一切所見。若心不動，則細如微塵之法亦不容得。

如此了義之人，應捨他事，跌座而坐於僅此無他之靜謐之地*2，挺身放鬆，自初夜至清晨，不偃臥。入禪修時，應觀己心，心既無物，故無所思。若分別心動，應覺之。「應如何覺？」心動時，不分別動、不動；不分別有、無；不分別善、不善；亦不分別染汙或清淨。其不應被分別為任何法。[16]

倘如是覺受心動，即為無自性，此即謂「修道」。若不覺心動，或覺有誤，將成無義之修行，乃凡夫矣。

初修業者，若因看心而生種種妄想，應習上述之法。安坐暨久，心將降伏，則了知覺之自性亦同分別心。「何以故？」因有身，故影存，因影現，而知有身。如因心動而生覺，因覺生方知有覺，故覺之自性無名亦無色。初不見其所從來，後亦不知其所蹤。覺及覺起處無法覓得，不思議故不思，不思亦不著，即為如來禪。

……（編案：原文本缺漏一頁）

有言若無方便無法入禪修。應以何方便修禪？凡捨一切禪修*3，安坐無思之中，即為入大乘禪修之法。[17]

又有人言此乃外道之禪修，故心生弧疑。然一切外道以我見為基，立成常、斷之法，其既不言三界唯心，亦無因緣觀。遇一禪師，即怖畏有想，安住一無所有之處。又因於一無所有處禪定而有所成，遂生無色天。從此經多劫，忽心想動曰：「此非涅槃。」便墮地獄。故兩者有大差別。

亦有人疑此法近聲聞之滅盡定。聲聞定雖各有不同，簡言之，其以為人無我為基，一切有為法非常亦……。

……（編案：原文本缺漏兩頁）

應以種種法習六波羅蜜。倘禪坐時未捨慳貪及布施之分別習氣，則六波羅蜜行與禪修將成二法，應予捨棄。猶如白日可為黑白二雲同分遮蔽。

本波羅蜜有三，即世間、出世間、出世間之最勝。最勝波羅蜜為無所得亦無分別，即心無分別，剎那圓滿六波羅蜜。倘分別伺察有二，靜坐禪修時，將以覺制思。

波羅蜜有二行相：一為行波羅蜜，即以此為方便而達彼岸。二為不動心，此即般若之智。故，即若無法親證行波羅蜜之法，般若之智仍存於自性之中。

亦有云：「應博學多聞而後入於禪修。」所謂「多聞者」，或可了知一切法不生。所謂「多聞者」，雖飽讀詩書，仍非多聞。何以故？法非由見可見，非由聽可聽，非由覺可覺，非由識可知。故，雖可由見、聽、覺、識尋某物，但法不可得。

此雖為教法之要，或有弧疑不信者。與道相違之眾生無數，渠等不知窮盡分別之疑，要言之，皆為狂亂弧疑不信之

人。渠等為一己之分別心所欺,初未修習如來禪,僅習無思及覺。入頓悟如來禪修者,發心之時,將不以此蔽覆三界*4,遑論「無誤地修習」?

譬如幼獅未睜眼能令他獸怖懼,迦陵頻迦之幼鳥破殼出時即可振動雙翅。此禪修之功德世間不易尋得譬喻,其力與義極大之故。修此禪應篤信大乘法,信解萬法唯心。不修習而盼於未來有所得者,實屬無義,譬如常計算富人之財,不能增一己之財。

大乘中觀修行法義要論。於世俗諦,內外之一切法自始即因一己虛妄分別所見。因緣相生,實有法如幻,故勝義諦無實性。因其無實性,故無生,無生,故無滅。無生無滅,法界也。法界即法身。一切法之自性如此,故應修習無分別。

問:如是觀修時,若分別生起應如何?

答:分別心無實性,無生無滅,性同法界。因無需造作,故不應追隨、阻礙。應安住於無造作地本初如是之自性中。何以故?心本無住,故不需修習住;心本無分別,故不需修習無分別。若修習,則是造作本初如是之自性。故經中亦云:

> 自無我之法而生,
> 佛成就圓滿菩提,
> 無分別亦無所緣,
> 經常修此菩提心。[18]

經中又云:

> 法為心之幻與影,

心性本來無所緣，
無生無滅亦無心，
平等無別若虛空。

　　若如是觀修，將不若外道住輪迴之中。具足方便及智慧，可除障礙及煩惱，並增福慧二資糧，圓滿成就自他之利。此即福德身。於二地將得法身，直至無住輪涅之終點，將成就有情眾生之利。

〈和尚摩訶衍之頓悟禪修法要〉（ *Mkhan po ma ha yan gyi bsam gtan cig car 'jug pa'i sgo dang bshad pa'i mdo* ）

　　為利根者，有頓入法，亦名捷徑、密門、解脫道之門。為鈍根者，則有五法，如何為五？

　　入無分別時：

1. 若覺虛妄心動，為無記。
2. 若覺虛妄心動並隨之，為凡夫。
3. 若覺虛妄心動，明瞭此動為過失，則覺將遮止諸動。
4. 若覺虛妄心動，知其無自性，此為一念之寂止，即隨眠空。
5. 若覺虛妄心動，無分別亦不隨，則念念解脫。此為正定。

原註

1　關於摩訶衍的老師，見 Demiéville [1952] 2006, 125n6，及 Demiéville 1973, 345-46。在 1973 年的著作中，Demiéville 闡明，那些據說是摩訶衍之師者都與北宗有關，並指《正理決》中從未提過南宗。

2　關於摩訶衍做為神會的弟子在宗密傳承圖中的位置，見 Broughton 2009, 79。關於在教義的基礎上反對這種可能性的論述，見 Faure 1997, 128-29, 219n82。最近，John Jørgensen（2005, 596）只簡單地說摩訶衍是神會的弟子，他「嘗試協調『北方禪』……與神會和《壇經》的南方禪」。神會擴大了頓、漸教義之間的距離，他之後的世代則嘗試彌平此差距，因此這似乎與那個世代的普遍趨勢相當一致。

3　見 Faure 1997, 178-80; McRae 2003, 56-60。

4　O rgyan gling pa 1983, 570。這段在《禪定目炬》中的段落，是在 Gnubs sangs rgyas ye shes（努・桑傑耶謝）1974, 15。關於這篇文章及英譯，見 Tucci [1958] 1978, 378-79, 391-93。另見 Karmay [1988] 2007, 90-96 的論述。Karmay 說明了該文本如何改寫了《禪定目炬》中的同樣段落。

5　Demiéville [1952] 2006, 25。在此句的註釋中，Demiéville 認為此處作者所指的是密教灌頂儀式：意思是說，它們是密教的灌頂儀式，而非公開的傳法。

6　John McRae 2005 已討論過這個時期的戒壇活動，見 McRae 2005, 86, 91-92 關於一行戒壇密教層面的討論。敦煌文本的標題簡稱是〈壇法儀則〉。最完整的寫本是 P.c. 3913，這個寫本是由願受（Yuanshou）[*5] 所謄寫的，他也

抄寫了許多其他密續寫本，包括 P.c. 3835，標示的年代是 978 年。其他帶有一部分該文本的寫本，包括 P.c. 2791、3213；Or. 8210/S. 2316、5981。此文本已被田中良昭（Tanaka Ryōshū）1981 研究過。

7　正如 Carmen Meinert 2006 所說的，西藏所有已知的（若僅看標題）禪法文本，最後都會被託名於摩訶衍。

8　*Kun mkhyen zhal lung* [《遍智者言教》]，527-28，van Schaik 2003 中引述。

9　*Testimony of Ba* [《巴協》]，20v。

10　這最後一行僅見於《禪定目炬》（Gnubs sangs rgyas ye shes 1974, 165.4-5）。

11　中文藏經版本是 T953；藏文藏經版本是 D. 236。此經在 Demiéville 2007, 43-52 中有詳細的討論，在那裡用的是梵文標題 *Śūraṃgama sūtra*。〈一法〉中也引用了該經（見第一章）。

12　關於神秀著作中的「看心」法，見 McRae 1986, 196-218; Faure 1997, 58-67。臥輪的文本見於 Or. 8210/S. 1494 及 S. 6103。《大佛頂首楞嚴經》中看心的段落是在 D. 236, 277b-278a。

13　Gómez 1983a, 98.

14　十一世紀阿底峽便於其所著之《菩提道燈論》（*Bsam gtan mig sgron*）中對三士進行了著名的區分，此種區分對於西藏大圓滿的釋經傳統也很重要：見 van Schaik 2004a, 115-24。

15　兩段摩訶衍的〈禪修語錄〉（*Bsgom lung*）段落被《禪定目炬》（Gnubs sangs rgyas ye shes 1974, 145-46）所引用。

第一段在 IOL Tib J 468，第二段在 IOL Tib J 709。

16　同樣的段落出現在《禪定目炬》（Gnubs sangs rgyas ye shes 1974, 145.5-146.3）。

17　類似的段落出現在《禪定目炬》（Gnubs sangs rgyas ye shes 1974, 146.3-5）。

18　這段引文與《密集金剛根本續》（*Guhyasamāja tantra*）的一個偈頌相吻合，僅有一行不同。此偈頌見於 D. 442, 5a。

譯註

*1　此《禪信》應是指《中華傳心地禪門師資承襲圖》（CBETA 2021.Q2, X63, no. 1225, p. 31a3-5 // R110, p. 866a1-2 // Z 2:15, p. 433c1-2）。

*2　德格版《禪定目炬》頁 138 摩訶衍所說幾乎完全相同之句子為：|...*gang dben pa 'du 'dzi med pa'i gnas su nga gcig pu mi gnyis par 'dug...*|但其中多了一個「我」（*nga*），使得句意變為：「僅我無他地安坐。」

*3　同上德格版《禪定目炬》頁 139 之句意為：「凡捨『一切思維』（*bsam pa thmas cad*），安坐無思之中，即為入大乘禪修之法。」

*4　此處譯者與作者之看法不同，譯者認為藏文之意應為「僅以發心便能蔽覆三界」。藏文原句為|*sems bskyed pa tsam gyis kyang khams sum zil gyis gnon par 'gyur na*|。

*5　P.c. 3835 頁 26 倒數第二行有「戊寅年九月五日清信弟子楊願受寫此經」等語，故譯者認為寫者是「楊願」，而非「願受」。

第八章　權力與護持

藏王與韓國僧侶

　　儘管摩訶衍和漸修支持者們之間的法諍敘事主導了後來藏人對中國禪法的印象，其實還有另一個關於藏人與禪佛教接觸的故事。同樣來自《巴協》的這個故事，對中國佛教較為認同，然而，後來的藏史學家們卻很少注意到它。根據《巴協》，一位名叫巴·桑希（'Ba' Sang shi）的藏人在八世紀藏王赤松德贊的童年時期前往中國，目的是尋找一位能幫助西藏創建佛教的大師。在成都，他遇到了八世紀最著名的禪師之一金和尚（684－762）。金是朝鮮僧人，又名無相，當時已成為四川淨眾寺的住持。根據《巴協》，在巴·桑希與其藏人同伴返回西藏之前的聚會中，金氏曾向他們預言了佛教在西藏的成功並提供建議。[1]

　　《巴協》至少說明了藏人與金方丈的傳承在某個時間點有些接觸。除了曾於《巴協》中出現外，他在西藏是個無足輕重的人物，他的名字甚至在後來的《巴協》版本中遭到篡改。他對西藏禪法的早期發展是否曾有任何實質上的影響還不清楚，但與金氏傳承有關的修行活動卻被《歷代法寶記》（以下簡稱《法寶記》）描寫得活靈活現，這些修行活動包括於夜間道場上進行的大規模菩薩戒授戒儀式。

　　另有一件資料對金和尚的禪修方法之描述為：一字念佛，漸漸沒聲，結束於無想的寂靜狀態。[2][*1] 金和尚教法的精華應該被總結為「三句言教」。其中前兩句是無憶和無相。第三句

在不同的資料中說法各異，可以是勿忘的莫忘，或是勿起妄想
的莫妄。根據宗密的說法，莫妄是金自己宣布的傳人無住提出
的，而這也確實是無住的弟子所撰寫的《法寶記》當中的言
教。[3]

回到藏文禪法寫本，我們發現金氏也在 P.t. 116 所引述的
大師之列中。雖然沒有記載三句言教，但我們看到以下的金氏
教法概要：

> 當心平等，則一切法平等。若知清淨之性，則無有不是
> 佛法者。解義時，不生愛染及貪欲之心。若體會清淨之行
> 境時，則無所求。何以故？般若智慧之真如本性，本來平
> 等，故無所得。[4]

無住及其弟子的影響力可能也對西藏禪法產生了一些影
響。無住的傳承以其傳法之寺院為名，稱為保唐，在《法寶
記》中有極為詳盡之描述。《法寶記》稱金的法脈傳給了無
住，儘管此二人從未真正見過面。雖然此文本的藏譯本還未出
現，但無住教法的簡要敘述在〈一法〉中出現過一次，在大師
教法彙編中出現過兩次（見第一章和第二章）。在〈一法〉
中，無住說：「無思是戒，無憶是定，莫妄是慧。」[*2]這與
《法寶記》中所描述的無住的三句言教版本若合符節。[5]

所以，四川禪宗諸傳承對藏人認同禪法具有不容忽視的影
響力嗎？暫且不論《巴協》的故事，我們知道藏人於 762 年赤
松德贊統治時期征服了南詔王國，使他們有機會進入四川地
區。這使得藏人有可能在這一時期到帝國滅亡的九世紀中期與
漢地（或韓國）僧侶接觸。然而，要說這種接觸對西藏宗教有

任何顯著的影響，可循之跡有限。在敦煌寫本中，僅有上述提到的少數幾行字被認為是金及無住所寫的，還有《法寶記》中一個非常簡短的故事片段，是關於禪宗祖師慧遠和菩提達摩兩位印度弟子之間的對話，僅止於此。[6]

敦煌寫本中的這些印跡可能是來自於敦煌同樣材料的中文原著。敦煌寫本中有數份《法寶記》的中文原件，因此，沒有必要遠赴四川去尋找資料來翻譯。那麼西藏王室對敦煌禪法的興趣如何呢？我們已經回顧了赤松德贊與摩訶衍接觸的故事中各種互相衝突和不足採信的說法。但還有另一名僧人據說也引起了藏王的注意。

敦煌的護持行為

我們確實有一些證據表明，藏王對中國佛教文獻，尤其是禪法感興趣。《大乘二十二問本》是由佛教學問僧和敦煌居民曇曠為了一位皇家護持者所寫的。這篇文章是以一段對這位護持者的致意開始的：

> 臥病既久，所苦彌深，氣力轉微，莫能登涉。伏枕邊外，馳戀聖顏，深問忽臨，心神驚駭。[7]

曇曠在這裡所尊稱的統治者被認為是赤松德贊。如果屬實，這便與《巴協》之中被派往四川的使節團故事是個有趣的對比。然而曇曠是否應該被視為禪法的擁護者仍有待釐清，儘管他確實寫了一篇《金剛經》的註釋本。他的其他著作大多是從敦煌寫本中得知的，包括《大乘入道次第開決》，由此標題

便可得知他的法門與禪法論述的作者不同。儘管如此,這篇為藏王所寫的文章涉及摩訶衍《正理決》及蓮花戒《修道次第》中出現的相同問題,這表示曇曠所探討的是八世紀晚期西藏王室所關注的議題。

藏王的幾個問題都與許多禪本中所涉及的議題有關:即聲聞、獨覺和菩薩之法的差異。在回答這三種修行者證得之菩提性的問題時,曇曠從漸法和頓法的角度解說了菩薩的開悟,但並未明確地說哪一種更好。他從頓法觀點的解釋如下:

> 菩薩能了一切皆空,一切萬法從心起。心若不動,一切皆如;〔菩薩〕能除分別執著心故。了真實相不起妄心,即是清淨涅槃妙理。[8]

這篇文章似乎是撰寫於 787 年,就在西藏軍隊經過長達十年的攻城征服敦煌之後。有鑑於此,再加上藏王此時對佛教所展現的興趣,那二十二個問題有可能確實在藏人占領該城不久後交給了曇曠,那時他已八十多歲了。因此,曇曠的文章可能是西藏王室對於漢地佛教大師感興趣的一個早期例證。它當然符合赤松德贊的計畫,此計畫在他自己的詔令以及王錫的《正理決》中都曾提到過,即在西藏建立真實且正確的佛教形式。同樣的,曇曠的文章也表明,藏人沒有理由將中國佛教完全等同於禪法或者頓悟的教義。[9]

赤松德贊政權結束之後,資助學者將中文佛教文本翻譯成藏文的護持行為仍持續進行。到了九世紀第二個二十五年時,在敦煌有個譯場,由一位僧人主持,他的藏文和中文名字同樣有名——藏人稱他為曲主(Chos grub),漢人稱他為法成。

有些他翻譯自中文的著作，包括《楞伽經》譯本，都被收錄於藏文佛典之中。二十世紀學者上山大峻廣泛地研究了與法成有關的敦煌寫本，認為有些寫本是譯者法成本人所寫的。[10] 無論如何，我們在這些寫本的末頁看到了法成得自藏王的護持證明。法成翻譯的《楞伽經》註釋本的末頁寫著：

> 無上神聖贊普詔令，大編譯郭‧曲主（'Gos Chos grub）依漢本翻譯、編輯與定稿。[11]

由於法成活躍於九世紀中，因此這個護持行為可能是從 830 或 840 年代開始，即藏人在敦煌的政權結束前不久。至於《楞伽經》的註釋本，雖然它並未在漢地流傳下來，但在敦煌也發現了一個中文版本（S. 5603）。在這份寫本中，中文註釋本的兩行之間夾帶著以紅色墨水書寫的藏文原始文本的文字。上山認為這件寫本是法成在翻譯《楞伽經》時所使用的。[12]

法成其他的一些註釋本及原著作品，讓我們約略了解這段期間內藏人對中國佛教的興趣所在。除了佛經和陀羅尼（*dhāraṇī*）文獻的翻譯外，還有一部菩薩戒譯本，以及法成自己創作的一些文本，包括重述目犍連地獄之旅的故事、中觀觀點的雙語教義問答集，以及根據經典資料編纂的佛法概要。最後一項是應藏王的要求所做的，因為該文本的跋文寫著：「受命於慈悲之佛子皇帝陛下。」[13]

因此，九世紀上半葉，藏王們顯然仍持續護持敦煌的佛法翻譯和註釋文本的撰寫。帝國對漢地僧侶的贊助一直延續到吐蕃帝國末期，此項證據也與後來西藏法諍敘事中，赤松德贊聲明未來西藏佛教將僅源自於印度資料一事背道而馳。

〈禪書〉

　　IOL Tib J 709，這件彙編的開頭是前一章所翻譯之摩訶衍的文章，其末尾的文本稱為〈禪書〉。此處翻譯為「書」的藏文常見於從中文翻譯過來的文本，指的是權威性的文字。因此，除了後來「經」（*mdo*）的標準翻譯外，我們還有「佛書」（*chos kyi yi ge*）。這種用法的例子可於《楞伽師資記》中看到，它也引用了一本「俗書」（*tha ma'i yi ge*）。在標題下方，抄寫員加上了一個提示：「下有神聖贊普赤松德贊之頸印。」這句話表示該文本是原件的副本（或副本的副本），而藏王在原件蓋上了他的「頸印」（*mgur rgya*）。這個名稱是指戴在藏王脖子上的印章，或者（*mgur* 的另一個意思）「歌之印」還不清楚，但是另一件敦煌寫本中關於西藏皇家印章的描述，清楚表明這個特殊的印章被認為握有最高的權威。[14]

　　〈禪書〉起首的前幾行將作品置於我們所熟悉的〈一法〉、《楞伽師資記》及其他藏文禪法著作的脈絡中。該文本據說是為了那些要修行大瑜伽之人所準備的，被認為是如來禪的教法，並且被置於《楞伽》傳承中。我們已經在第三章中看到過，在禪本中，「大瑜伽」一詞被誤認為是指具有相同名稱的密續修持法。此處在〈禪書〉中，我們還看到了另一個在後來的傳統中與密續修持法密切相關的詞語「誓言」（藏 *dam tshig*，梵 *samaya*），密續大瑜伽的三個主要誓言是恭敬上師、保守教法祕密及避免與道友發生衝突。這些與此處所描述的誓言並無不同，該誓言涉及禪師（稱之為「師佛」），以及不奉行禪修頓入法之人的相關規定。

　　與「大瑜伽」一樣，我們不應假設誓言一詞直接等同於密

續，因為同樣的詞語也出現在《楞伽經》「誓行大乘者」這樣
的說法中。然而，在這些禪修法門和密續修持法之間的相同語
彙肯定比人們認為的要多得多。[15]

　　〈禪書〉仔細地意譯了描述禪修層級的《楞伽經》第三
品，其最高階為如來禪。因此，這件作品明顯地將自己置於
該經的權威之中，所以它很可能是某位自認為屬於《楞伽》傳
承之人所撰寫的。如果文本是寫於八世紀，那就很有可能如
此。與許多其他禪法文本一樣，〈禪書〉以一系列的問答來進
行，通過這些問答，可以清楚看出作者試圖調和頓、漸修行的
立場：

　　　應領受妙智之口訣。入大瑜伽者，初應了知一切唯心，
　　如是了知後，彼將辨析一切，如無實有之對境，此全然清
　　淨之心究為因緣合和所生，或不生等。或全然不諍。

　　這個模糊的回答，似乎是容許經由分析產生智慧的漸修
法，以及無造作之道兩種可能性。在回答下一個問題時，後者
被進一步解釋為：

　　　此超越一切尋思者之對境故。若了知此等顯現唯心所
　　造，則可施設於一切內外之法。精於頓悟法者與凡夫、聲
　　聞、外道等迷者之心迴異。

　　這個解釋與《楞伽經》非常應和，其經常指出悟性本自俱
足，萬法唯心所造。文本的下一個部分，將漸、頓兩種修行層
面與一個譬喻結合在一起，似乎是想要傳達一個事實，即能工

巧匠首先必須經過訓練以學習技能，但訓練過後，技能便成為他們的一部分，此時就無需更多的訓練了。於結尾處，〈禪書〉的作者似乎希望結合兩種方法，他認為兩種方法本身都有美中不足之處：

> 故須於其餘次第中修習，如禪定八法無法一次成就，應依次進入。一一淨除種種分別，如於大地細數塵沙。然若無法如實了知心性，則以單一對治法頓遮亦無所助益。

就像凡夫如何獲得和使用技能的譬喻一般，這段文字再次表明，在直見心性之前，漸進式的訓練仍有必要。但訓練完成後，它便不須再特意費力，此時，單一對治法（明心見性）即可應用於所有的分別念。也許我們可以將這個方法定義為漸修頓悟。這是為了得到赤松德贊的認可而量身訂做的法門嗎？此處引用的同一個段落也在 IOL Tib J 710 的第一篇文章（翻譯於第三章）中出現。由於這類的互文性過於普遍，因此無法得出任何肯定的結論，但〈禪書〉有可能是將現有的資料整合在一起，做為向藏王介紹禪法之用。

稍早所概述的 P.t. 116 完成年代的爭議也是同樣的情況，而且沒有理由不將包含〈禪書〉在內的 IOL Tib J 709 寫本的年代設定於十世紀。但我們必須區分寫本的年代和寫本內文本的年代。對於那些被認定是從中文翻譯而來的藏文禪本，原著作品不會晚於九世紀早期，這與敦煌西藏佛教的其他面向是一致的；密續文本似乎只在吐蕃帝國結束後才開始廣泛流傳，但它們仍然是以吐蕃帝國時期翻譯的作品為基礎，並未關注佛教密續在印度的後續發展。[16]

西藏禪門似乎也有著類似的情況。主要的譯本都是在帝國時期完成的，但文本則一直寫到了十世紀。帝國時期便有〈禪書〉存在的證據，可以在八世紀初西藏寺院圖書館目錄《丹噶目錄》（*Lhan kar ma*）中找到。該目錄是確定帝國時期哪些佛教文獻被翻譯成藏文的彌足珍貴的資料來源。它是按主題來編排的，與我們有關的部分，標題是〈禪書〉。在這種情況下，我們也許應該將 *bsam gtan* 更廣泛地翻譯為「修習」。這些書籍是：

1. 蓮花戒《修次三篇》
2. 瓦傑拉柯提（Vajrakīrti）《修習次第》
3. 智藏論師（Ye-shes snying-po）《修習次第》
4. 葛雅瓦維（rGyal-ba 'od）《觀修菩提心》
5. 妙吉祥友（Mañjuśrīmitra）《觀修菩提心》
6. 卡雅納瓦兒曼（Kalyāṇavarman）《示修習之門》
7. 達摩摩提（Dharmamati）《修習次第》
8. 菩提達摩多羅〈禪書〉（譯自中文 [17]）

此書目的最後一本書與後面所翻譯的文本標題相同，題名菩提達摩證實了它被認為是一件禪本。[18] 從目錄可看出它是一部相當長的文本（共有九百偈），由於該文本在 IOL Tib J 709 中似乎並不完整，所以這不成問題。另一方面，〈禪書〉這個標題可能是個泛稱，正如這組文本的標題一樣。當我們去看這個組別的其他文本時，顯然大多數都不是禪本。事實上，八篇中有五篇是印度大師漸修法的文章。妙吉祥友所著的《觀修菩提心》是一部早期的大圓滿（*rdzogs chen*）著作。

《丹噶目錄》顯示在九世紀初編纂圖書館目錄時，中國禪文獻是與其他關於修習的指示性文本放在同一個類別當中的，

包括更為學術導向和強烈漸修主義的印度文本，以及具有密續風格的早期大圓滿偈頌。根據法諍的敘事來看，這是在西藏禁止漢地教法之後，然而此處在頓、漸法門之間，或漢地和印度的原始資料之間都沒有任何衝突的跡象。〈禪書〉的同一個圖書館目錄中也出現了一本蓮花戒的作品，這便與第六章所提過的《禪定目炬》之中的簡短敘述更為吻合，即據聞摩訶衍和蓮花戒都曾在西藏傳法，但並沒有提到他們或其追隨者之間的爭執。

帝國的榮光

我們已經看到赤松德贊和其他藏王的確曾經護持包括禪僧在內的漢地佛教大師。然而，寫下「下有神聖贊普赤松德贊之頸印」的抄寫員卻可能不是為了提供寫本的讀者些許歷史訊息而這樣做。為達成我們了解寫本的用途和功能的目標，我們應該思考寫下這段話的目的是什麼。包含〈禪書〉在內的寫本，與相對較大件的 P.t. 116 彙編有天壤之別。事實上，它們所擁有的文本完全不重複，這表示它們是為了截然不同的功能而創作的。在該寫本中，與〈禪書〉相伴的文本排列如下：[19]

1. 摩訶衍〈頓悟禪修法〉
2. 一篇標題為〈示禪修諸過〉的文章
3. 梵天（Brahma）與文殊師利（Mañjuśrī）關於各種主題之對談修習各層面的問答
4. 大師菩提龍王（Byang cub klu dbang）的教法
5. 一篇關於止（śamatha）與觀（vipaśyanā）的文章
6. 一篇關於法與慧的文章

7. 鶴勒那夜奢（Haklenayaśas）大師的中觀教法
8. 〈禪書〉

我在前一章中認為這些文本並不代表一種特定的儀軌，但很可能是教學和開示的參考資料。另一種可能是，由寫本的精心製作可以看出它是被創造成一件令人恭敬崇奉之物，被西藏禪傳承的法師或護持者禮敬收藏。這便可以解釋為何將摩訶衍的一篇重要文章放在開頭，並將藏王以私人印章認可的文本放在結尾。

調用吐蕃帝國的權威，特別是調用藏王赤松德贊的權威，是後來西藏「伏藏」（gter ma）傳統的主要特色。從十一世紀開始，雖然藏王仍在整個傳統中起著重要的作用，但帝國的關鍵人物卻從赤松德贊轉為密續大師蓮花生。在一些敦煌寫本中，赤松德贊做為吐蕃帝國魅力象徵的尊榮角色也很明確。在佛教傳入西藏的早期歷史敘事中，赤松德贊更顯得舉足輕重，例如《巴協》的片段，以及一個關於《普賢行願讚》如何傳入西藏的敘事。在讚頌西藏佛教帝王功德的偈頌中也會提到他。[20]

因此，無論〈禪書〉是否是為了赤松德贊所編譯的，或原件是否加蓋了他的私人印章，寫本中的這個陳述主要是為了將吐蕃帝國的榮光和權威注入這件文本乃至整件彙編當中。這是透過將原始文本（亦即這是副本）和藏王認同佛教禪法的行為直接加以串聯而實現的。以這種方式連接了過去與現在，通過賦予那些支持儀軌、教法和傳承的文本權威，也通過為當時的護持者提供支持這些修持法的模式，直接影響到修行。

譯文

〈禪書〉

下有神聖贊普赤松德贊之頸印。

入大瑜伽者之密意。《楞伽經》云：「如來所說無量禪修法門，有聲聞外道等具粗相之禪修、信行者及住地菩薩有所緣及無所緣之次第禪修、越所有邊之如來禪。又，如來禪有三：世間、出世間、出世間最勝。一切禪修中，如來禪最善。」

於此不說其餘各類，僅略說大瑜伽行者如何日夜修習如來禪。

「初應如何發心？」

應領受妙智之口訣。入大瑜伽者，初應了知一切唯心，如是了知後，彼將辨析一切，如無實有之對境，此全然清淨之心究為因緣合和所生，或不生等。或全然不淨。

「何以故？」

此法越一切尋思者之對境故。若了知此等顯現唯心所造，則可施設於一切內外之法。精於頓悟法者與凡夫、聲聞、外道等迷者之心迥異。故，發菩提心後可使眾生成熟，然如是做時，一切仍為自心所造。彼等大瑜伽士不用力造作，譬如修習世間生計。初時，彼等觀待巧技之人先成就種種方便，而後便知應以何法侍珍寶、穀物、乃至酥酪等。故善男子欲隨入如來禪者住種種自證之樂中，此聖妙智非心、意或識。其不從因成，亦必不是果。此為成法性佛之業，從此不墮聲聞及外道等地。

「應如何立誓？」

若曾以供品供養無量百千諸佛，且思惟清淨者，應依止一

師佛，餘皆不依。彼意欲知曉法無生無滅之義者，不以迷妄之心，習種種增益之名言。

「何以故？」

他乘之禪修僅習內在之寂靜，無法大利有情，仍屬不足。彼以有所緣之法禪修者，其雖已獲殊勝之力，己身之妙智仍為黑暗所障。即得些許清淨，仍非證悟。

故須於其餘次第中修習，如禪定八法無法一次成就，應依次進入。一一淨除種種分別，如於大地細數塵沙。然若無法如實了知心性，則以單一對治法頓遮亦無所助益。

原註

1　Pasang and Diemberger 2000, 47-52 (ff.8b-10b)，這是現存 *Dba' bzhed* [《巴協》]的最早版本。在這個版本中，中國之行並非發生於藏王的童年時期，而是在敘事的後期，即寂護首次到訪西藏之後。但這似乎是個錯誤，因為巴·桑希提到藏王太年幼無法學習佛法，而金所做的預言，也是指藏王成年後的未來時期。在《巴協》其他的版本中，中國之旅與拜會金和尚就發生於敘事的早期，即赤松德贊的童年時期。

2　關於宗密所寫的金和尚，見 Broughton 1983, 30-38 及 2009, 232n160。關於《法寶記》中的金和尚，見 Adamek 2007, 275-76, 337-38。

3　見 Adamek 2007, 206, 246, 338 及 Broughton 2009, 183。

4　P.t. 116，f.174r.

5　同樣的語句也出現在西藏著作《禪定目炬》及《大臣遺教》中。這些一致性在 Faber 1985, 73n104 中曾經提出過。

6　這篇文章的標題是〈七禪師語錄〉（*Mkhan po bdun rgyud kyi bsam brtan gyi mdo las 'byung ba*），見於 P.t. 813, f.4v。保唐宗與某些中文疑偽經的藏譯本有關聯，原因即是這些經書在《法寶記》中所起的作用。見 Obata 1974（以及 Ueyama 1983, 332-33）。然而，這些經書的使用並不限於保唐宗。

7　曇曠和他的文章，見 Pachow 1979a, 1979b 和 Ueyama 1990, chap. 1。Pachow 的研究所使用的四件寫本是 P.t. 2077 和 2576，及 Or. 8210/S. 2720 和 2732。此處的英譯文

是出自 Pachow 1979b, 35。

8 英譯文出自 Meinert 2007a, 250。

9 關於各種不同的西藏征服敦煌的年代理論，見 Ueyama 1990, 25-32 及 Iwao 2011。

10 Ueyama 研究法成的著作收藏在 Ueyama 1990, chap. 2 中，是目前最詳盡與廣泛的研究。

11 IOL Tib J 219, f.144r.

12 Ueyama 1990, 112-16。此寫本另有一頁在 P.t. 609。Ueyama 認為法成一開始先翻譯全部註釋，然後再從其中摘錄出經書的譯文。一份有類似註釋的中文《瑜伽師地論》抄本（P.t. 783）可能也是出自法成。

13 目犍連的故事版本（IOL Tib J 633）在 Kapstein 2007 中已深入討論過。中觀文本是在 IOL Tib J 1772 及 1773 發現的。在 IOL Tib J 683 中的雙語（漢、藏）文本已在 Thomas, Miyamoto, Clauson 1929 中被抄錄、翻譯和討論過。

14 R. A. Stein 1983, 154-56 簡短地討論過這個文本。Stein 1984 也仔細分析了帶有印章的寫本，IOL Tib J 506。另見 Stein 2010 關於這些文章的英譯文。本文所研究的寫本，IOL Tib J 709，也被 Ryūtoku Kimura 1976, 1980, 1981 研究過。Kimura 1981, 127 認為就〈禪修文件〉（*Chan Document*）[*3] 之中的字彙來看，它似乎並非譯自中文。然而，該文法顯示出它既非譯自印度資料，也不是本土的文學作品。Stein 1983, 155-56 認為文本包含了用來翻譯印度及中文文本的混合詞彙。

15 D. 107, 59a.

16 Herrmann-Pfandt 2002 及 van Schaik 2008a 均已指出這一
點。

17 Lalou 1953, 333-34. 藏文的標題為（i）*Sgom pa'i rim pa
rnam pa gsum* [《修次三篇》]；（ii）*Bsgom pa'i rim pa*
[《修習次第》]；（iii）*Bsgom pa'i rim pa* [《修習次
第》]；（iv）*Byang chub kyi sems sgom pa* [《觀修菩提
心》]；（v）*Byang chub kyi sems sgom pa* [《觀修菩提
心》]；（vi）*Bsgom pa'i sgo bstan*[《示修習之門》]；
（vii）*Bsgom pa'i rim pa* [《修習次第》] 和（viii）*Bsam
gtan gi yi ge* [〈禪書〉]。《丹噶目錄》及一個較晚期的目
錄──《旁塘目錄》（*'Phang thang ma*）之中的書目，都
於 Faber 1985, 50 中討論過。

18 這位祖師姓名的版本與敦煌寫本中常見的形式類似，即寫
成 Bo de dar ma ta la（菩提達摩多羅），或僅 Dar ma ta la
（達摩多羅）。這可能代表中文達摩多羅的音譯，此名字
被 Yanagida 1983, 27-28 重建為「Dharmatrāta」，被
Jeffrey Broughton 1999, 119n5 重建為「Dharmatāra」。本
人此處使用的是後者，因為它比較接近藏文的音譯。

19 關於所有這些文本的描述，見 van Schaik 2014, 30-34。

20 關於早期伏藏傳統，見 Davidson 2005。

譯註

*1 見宗密《圓覺經大疏釋義鈔》卷 3：「言存佛者，正授法
時，先說法門道理、修行意趣，然後令一字念佛。初引聲
由念，後漸漸沒聲，微聲乃至無聲，送佛至意。意念猶

黸，又送至心，念念存想有佛恒在心中，乃至無想盍得
道。」（CBETA 2019.Q4, X09, no. 245, p. 535a1-5 // R14,
p. 558a14-18 // Z 1:14, p. 279c14-18）

*2　在〈一法〉中，無住說的是：「修無思之戒、無所得之定
及無二之慧……。」（見第二章）

*3　〈禪修文件〉即〈禪書〉，此處 Kimura 使用之英譯 *Chan
Document*，不同於作者使用的 *The Zen Book*。

第九章　喪禮與異相

生、死與異相

在中國和西藏的佛教傳統中，著名大師圓寂的故事在傳承史中扮演著重要的角色。這些故事往往伴同物質文化，特別是繪畫或者雕塑等大師的肖像，有時是保留下來的遺體。這些東西成為傳承大師虔誠修行法會的核心。這些修行法會包括了誦讀對傳承大師的祈願文，在後來的西藏傳統中，則涉及對已故大師進行觀想的「上師瑜伽」。

因此，維護和認可一個傳承的修持法聚焦於已然仙逝之人物，故與死亡密不可分。P.t. 996 寫本包含一系列的敘事，告訴我們死亡以及圍繞著死亡的儀式如何成為禪修法的一部分。P.t. 996 寫本是一系列與一個始於中亞，結束於安多（現在的青海省）的傳承有關的文本彙編。第一篇文章講述了印度禪宗大師安燈海（A rtan hywer）、他的漢人弟子般信（Be'u sing）和般信的弟子滿（Man）和尚的故事。下一篇文章是關於滿和尚的藏人弟子西噶薩·南開寧波（Tshig tsa Nam ka'i snying po），隨後是後者的一首偈頌。最後一篇文章是關於另一位藏人布·益西央，以及他創作的一部重要的作品，名為《八十真實經》。這個傳承沒有與任何其他已知的禪宗傳承重疊，而且這些文本的編纂者也並未將安燈海之前的傳承追溯至菩提達摩，或任何其他的印度法師。[1]

然而，在藏文禪法材料中有一些證據表明，這並非一個完全與世隔絕的傳承。〈一法〉（翻譯於第一章）按照下列順序

引述大師：（ⅰ）龍樹，（ⅱ）菩提達摩多羅，（ⅲ）無住，
（ⅳ）降魔藏，（ⅴ）安燈海，（ⅵ）臥輪，（ⅶ）摩訶衍，
（ⅷ）提婆。這是一個以著名中觀論師龍樹為首，以其弟子
提婆為尾的綜合禪師名單，其並非依時間順序排列。這似乎是
在中觀傳統中認可和介紹那些對敦煌諸傳承極重要之大師的一
種方式（關於中觀在西藏禪法中的作用，見第五章）。題名安
燈海的實際教法是：「一切心之覺受，皆為最勝之瑜伽道。」

　　P.t. 996 的文本分為四個部分。第一部分描述了「大師南
開寧波之善知識傳承」。它首先描述這個傳承如何從印度沿著
北方絲綢之路被帶到中亞：

　　　　大師安燈海，一了知平等法性之道之善知識，為眾生
　　　　故，自印度至安西，收三百弟子，授入大乘之法。大師自
　　　　虛空中取天餐，三百弟子盡皆饜足。

簡要介紹了大師成就之後，文章便轉向與他死亡有關的奇
蹟：

　　　　得年過百時，大師以涅槃之姿圓寂。此後安西王拍打遺
　　　　體云：「若大師來向無量眾生傳法，何以僅授我隻言片
　　　　語？」一時，大師起身，向安西王郭冀望（Kwa tsi
　　　　wang）說法三日。

這位大師姓名的拼寫方式（a rtan hywer）表示，它是從音
譯一個外國名字的漢字轉譯成藏文的。有學者認為它代表了波
斯名阿爾達希爾（Ardašīr），但很難被證實。姓名的第一個部

分可能代表了漢地姓氏安（An），這意味著它起源於索格底亞納（Sogdiana）地區。無論如何，此傳承的最早紀錄是在安西，這是中國西域督護府之名。西域督護府一直是在龜茲[*1]，直到 680 年代末西藏軍隊占領龜茲後，中國才將安西督護府遷移至高昌。因此，安燈海時期的安西很可能是指高昌。[2]

傳承的下一位是漢地大師般信，他以敦煌及周邊地區為活動區域。同樣的，對於大師生平的描述很簡短，但對於他圓寂時的說明卻很詳細：

> 年八十時，於肅州地界，寺院西方現五色祥雲，停於和尚頭頂處。和尚便即盤腿而坐於定中圓寂，後祥雲復返西方。過後三日，大地黑暗，草木為之變色。

P.t. 996 之中的這篇文章以及其他文章向讀者呈現了傳承大師的傳法活動和所受護持，以及他們圓寂時所發生的奇聞軼事等種種事實。唯一未被描述圓寂情況的大師是般信的學生滿和尚。後者在後來的禪宗傳統中了無人知，但在敦煌顯然很受重視，在數件寫本中都可以發現他所寫的《了性句》。這部七言詩式作品的〈序〉稱他為「崇濟寺禪師」。滿和尚的死亡並未於此處描寫，因為他離開了中國，不在文本的範圍內。這充分說明文本是在安多區創作的。[3]

聖地

另外兩位大師，南開寧波和益西央的圓寂也有類似的描述。兩者皆出現了祥雲或光，通常是五種顏色，最後消失於西

方。這些五色雲也記載在觀察雲或氣的形狀和顏色的中文占卜法的著作中。五色是青（藍）、紅、黃、白和黑。雲的形狀和主要顏色表明占卜的結果。接下來是一則敦煌寫本的案例：

> 凡人屋舍上五色氣見，常在月晦朔日……蓋屋多青〔氣〕者，死尸之氣也；多赤者，金玉之氣也；多黃者，此邑宅有大土功興也；多白者，有銅鐵也；多黑者，此屋為神舍也。[4]

這似乎是 P.t. 996 五色雲的文化背景，儘管印度密續傳統也將五色光連結五佛，後來西藏寧瑪傳統也有大修行者的身體化為五色光等的類似情形。[5] 此處在 P.t. 996 中，雲或光消失在西方的主題顯示「淨土」諸經和圍繞這些經典的虔誠修持法格外具有影響力，對象通常是阿彌陀佛和祂位於西方的極樂淨土。廣受歡迎的阿彌陀佛和西方淨土的信仰也出現在敦煌，從中文及藏文許多以此為主題的祈願文和頌詞抄本便可得知。[6]

在 P.t. 996 諸敘事的尾聲，傳承進入了西藏的安多區。八世紀上半葉時，這個區域成為繁榮的西藏佛教寺院中心。P.t. 996 提到了區域中一些重要的地點，包括宗喀（Tsong ka）和安瓊（An cung）等城市，以及赤噶（Khri ga）的閉關中心。其他幾件敦煌寫本記載了這個地區的西藏宗教組織，包括十世紀某位漢地朝聖者的一整套通關文書。此外，正是在這個地區，西藏寺院的戒律於吐蕃帝國滅亡後被保存了下來。後世西藏的歷史傳統認為一位名叫格瓦‧饒薩（dGe ba Rab gsal）的僧人，在西藏政治分裂時期保留了此區域中的寺院授戒傳統。根據一件資料指出，格瓦‧饒薩在附近的旦迪（Dan tig）山谷

建造了一座佛塔，以阻止教授頓悟法門的瑜伽師擴展。由於這裡似乎曾是佛寺眾多的區域，所以在建立新的佛教傳承時出現衝突與競爭是非常合理的。[7]

　　在這情況下，我們便可以理解為何 P.t. 996 的敘事特別關注描述傳承大師的死亡和喪禮的地點，以及奇特的景象。經由將這些奇聞軼事與它們發生地區的寺院串聯起來，敘事便將傳承嵌入了一個聖地之中。這便為進一步的修行法創造了一個架構，例如定期的儀式和朝聖等。我們在閱讀 P.t. 996 的過程中，可以看到它所描述的傳承如何傳入新的地區，又如何透過大師圓寂的相關敘事讓這些地區成為傳承的聖地。接下來，傳承若要成功，就需要有後續常態性的修行活動，以維護傳承持有者對於寺院地區所主張的權利。

禪法和密續

　　P.t. 996 的第二篇文章專門描述一位名為南開寧波的法師，他是滿和尚的弟子，據說在赤松德贊統治期間（即八世紀下半葉）出家為僧。雖然在這篇文章中被稱為西噶薩・南開寧波，但他很可能就是同時代的人物努・南開寧波（Gnubs Nam ka'i snying po），在西藏史中，他以做為密續大師蓮花生的弟子以及大瑜伽密續之大修行者而聞名。雖然沒有其他證據可以確認這一點，但引人注目的是，該傳承的下一位人物布・益西央，也以做為蓮花生大士的弟子之一而聞名。

　　與前述的大師們一樣，除了滿和尚以外，南開寧波傳記一半以上的篇幅都與他的死亡及圍繞著死亡的異相有關。傳記之後是他的一首偈頌，名為《讚頌瑜伽之道》（*Rnal 'byor gi lam la bstod pa*）。在這首偈頌中，可以清楚地看到來自密續的術語——金剛界曼荼羅、菩提心、手印，以及將證悟稱為「上品悉地」。所有這一切，特別是金剛界曼荼羅的引用，表示與瑜伽部的密續文獻有關，如《金剛頂經》（*Sarvatathāgata-tattvasaṃgrāha*）。

南開寧波偈頌的其他部分來自禪傳承，譬如也出現在 P.t. 116 神會教法（見第二章）之中的飛鳥現天邊的意象。這些偈頌結合此材料的方式，表示信眾對於禪修語彙和密續修持法都很熟悉。這是努・桑傑耶謝在《禪定目炬》中努力想改變的普遍情況。在第十章，我們將會探討禪修和密續如何整合在特定的修持法中。

護持者和文本

P.t. 996 的最後一篇文章是關於布・益西央。據說他得到了一位有影響力的卓氏族成員的支持，於此處是名為卓・釋迦（’Dro Sha kya）的僧侶。這不是卓氏族與禪傳承聯繫的唯一案例。此傳承稍早的漢地僧人滿和尚，據說就曾獲得一位名為尚・墀松傑拉囊（Zhang Khrim sum rje stag snang）的西藏大臣護持。這位幾乎可以被確認是來自卓氏族的著名藏人墀松傑拉囊是西藏軍隊的總指揮，在 820 年代初期的漢藏和平協議談判中發揮了重要的作用。在此之前的九世紀第一個十年中，他住在敦煌，並在那兒資助興建了一座佛寺。[8]

另外，正如我們在第七章中看到過的，《正理決》的〈敘〉中提到邀請禪師摩訶衍到西藏的皇后就是卓氏族人。摩訶衍的其他追隨者還有囊南（sNa nam）和娘（Nyang）氏族

的成員。如保羅・戴密微所指出的，卓氏族之所以在禪傳承的
護持者中與眾不同，也許是因為他們在八世紀後期做為西藏東
北與中國交界處的守護者角色所致。

根據 P.t. 996，布・益西央撰寫了一篇文章，說明印度、
漢地和西藏禪師的教法與諸經一體無別。這件作品有兩個標
題：《八十真實經》和《大瑜伽修習要義》（*rnal 'byor chen
por sgom pa'i don*）。此處第一個標題雖僅供參考，但對文本
加以描述並概略說明其內容能讓我們更了解它。這是以禪修語
言型態寫成的最受歡迎的藏文文本之一，不僅見於敦煌寫本之
中，而且在遙遠西方另一處西藏文化區域──塔波（Tabo）和
岡德拉（Gondlha）[*2] 的寫本中也有。文本本身類似〈一法〉
和其他禪法問答文本（見第一章），雖然它的回答大部分僅限
於引用經典而沒有任何評論。《八十真實經》中的論點與其他
藏文禪法文本類似，許多問題都是關於〈一法〉（*tshul gcig*）
以及它在大乘佛教教義中的地位。[9]

因此，P.t. 996 的敘事不僅為其在安多地區的聖地主張傳
承的權利，也具有文章敘文的功能，譬如做為〈一法〉的
〈序〉以捍衛禪法在大乘佛教正統地位中的正當性。這是一種
互相支持的關係：帶有死亡異相故事的敘事捍衛了創作《八十
真實經》之傳承的正當性，而文本則捍衛了由傳承所傳播之教
法的真實性。若認為 P.t. 996 寫本僅具有一種特殊用途很可能
會過於保守。它是以別具一格的手法悉心書寫而成，在任何其
他敦煌寫本中都未曾見到過，因此有可能是從敘事中提到的安
多的某個寺院帶到敦煌的。我們已經看過寫本中的文本也可能
是與此傳承有關的教學及儀軌所引用的資料來源。對於傳承的
成員來說，寫本本身也可能是一件聖物，做為該傳承成員身

分的象徵，就像一些《壇經》的寫本複製品被用於此目的一樣。[10]

譯文

〈大師南開寧波之善知識傳承略說〉（*Mkhan po nam ka'i snying po'i dge ba'i bshes gnyen gyi rgyud mdor bshad pa*）

　　大師安燈海，一了知平等法性之道之善知識，為眾生故，自印度至安西，收三百弟子，授入大乘之法。大師自虛空中取天殽，三百弟子盡皆饜足。得年過百時，大師以涅槃之姿圓寂。此後安西王拍打遺體云：「若大師乃來向無量眾生傳法，何以僅授我隻言片語？」一時，大師起身，向安西王郭冀望（*Kwa tsi wang*）說法三日。

　　知悉大師教法之弟子有八，最勝者為般信（Be'u sing）和尚。和尚去沙洲及甘州向眾弟子傳法。其自虛空中取天殽，眾弟子盡皆饜足。年八十時，於肅州地界，寺院西方現五色祥雲，停於和尚頭頂處。和尚便即跌座而坐，於定中圓寂，後祥雲復返西方。過後三日，大地黑暗，草木為之變色。

　　知悉大師教法之弟子有八，最勝者為滿（Man）和尚，其曾受天殽，故能制伏睡眠，日夜修習。和尚至宗喀（Tsong ka）向眾弟子傳法，授修習之法時，弟子西噶薩・南開（Tshig tsa Nam ka）能解義趣，和尚復授之以「見道」法。[11] 年三十，將往漢地。大臣墀松傑拉囊向和尚獻珍饈，和尚則返贈以寶物。和尚將離之時，大臣問曰：「誰可講道？」答：「吾之弟子西噶薩・南開能解法義，故可講道，諸行道者可向其求教。」語竟，便往漢地。

〈大師南開寧波功德略說〉（*Mkhan po nam ka'i snying po yon tan mdor bshad pa*）

僧南開寧波於贊普赤松德贊生前剃度。其嚴守戒律，托缽化緣，立誓持守念誦功德法，自禪師滿和尚處習得大乘頓入法義。依此觀修，了悟法義後而作是言：

> 雄獅之幼子若狐，如吾之師般信和尚，出吾一般之弟子。雄狐亦可出幼獅，如吾為師，而出汝一般之弟子。

故大師盛讚諸弟子。

於赤噶（Khri ga），大師南開寧波向從樹生起，光芒萬丈之身像獻供。後住巖約（Yam yog）之閉關處時，現五色祥雲圍繞等異相。某日，大師修法，立誓永住念誦功德。年七十一，狗年春之第二十九日，於宗邦（Zhong Pong）寺，大師跌座而坐，於定中面容無改地圓寂。當晚子夜時分，閉關處下方之宗邦山脈至邢坡（Sring Po）山間之天空中，忽生兩道光芒照亮大地，後消失於西方。

奇里克（Byi lig）之僧人當傑·貝吉給參（lTam rje dPal gi rgyal mtshan）及根·駱錐（'Gwan bLo gros）等多人皆曾見此景象。七日喪禮最終時，五百天人敦請說法並發願，當晚子夜時分，於拓格薩刹克紮（Lhagsa brag rtsa）*3 之閉關房現大光芒，後消逝於西方。

〈大師南開寧波「讚頌瑜伽之道（*Rnal 'byor gi lam la bstod pa*）」〉

平等無住瑜伽道，本初無生亦不滅。一如飛鳥現天邊，不

可得見難言詮。

聖者本俱自明智，故能明辨離所緣。頂禮如來藏自性，聖者所依之道統。

本初平等大仙道，離緣平等曼荼羅。無生無滅之均等，實乃金剛界之智。

菩提心之大行者，示現如如不動意。佛子解脫之手印，上色等性齊修持，故得圓淨之法身。名為上品之悉地。

〈布‧益西央傳〉

僧布‧益西央亦傳授及總攝修習大乘無分別之道。其初於祖王[12]時受戒，後於寺院習法，依止善知識之教法與竅訣，併一己之覺受，駐錫於寺五十餘載，修習無住無分別之法，故深信無住之法義。

僧窮究了義諸經，故知諸善知識之教法口訣與一己之觀修了無差別。其總攝印度、漢地、西藏禪師之教法及口訣，併諸論述於大乘了義諸經之經文，後引《八十真實經》，作問疑一百零八品，每品之疑問，皆以二至三經詳述。

三世一切佛皆由大乘法得證涅槃。或有人言，佛陀釋迦摩尼入涅槃千年[*4]之後，無人修習與正法一味之法，僅入於語言文字，徒生論辯爭執，僧團將一分為五。果真如此，則大乘無所得義及一法義又將如何？

雖可於眾善知識之口訣及甚深經典見此正法教誡，然此乃為利益三士所施設，初入時應先以五義教之[13]：（i）大乘一法；（ii）一法之自性與其修習之法；（iii）未了知一法之過失與修習一法之功德；（iv）修習一法之功

德；與（v）一法之果報：三身及涅槃。意義雖如此分別，然仍須自行修持，不修習僅見字義仍難得解；若自修持而得體悟，則可理解且傳授字義*5。14

總攝此義之禪師布・益西央年八十時，於馬年秋某月第八日清晨，坐化於赤噶蒙約（Mong yog）山谷15之西噶薩・南開寧波之閉關處。後眾弟子於恩澤（Ng tse）寺為其做功德，眾人以幡傘護靈至近安瓊（An cung）之閉關處，時赤噶城牆上方天空現五色祥雲，居民及牧童盡皆見之。

比丘卓・釋迦等人護靈至安瓊時，途經邢坡山頂，天空現五色祥雲所化之霧氣，直至安瓊之閉關處，其均暫停於山頂虛空之中。

原註

1　之前對於 P.t. 996 的研究包括 Lalou 1939、Imaeda 1975 和
　　Okimoto 1993。

2　關於安燈海，見 Faber 1985, 73n106；關於安西的位置，
　　見 Beckwith 1987, 197-99。

3　滿和尚的文本《了性句》出現在數個敦煌寫本中：P.c.
　　3434 和 3777、Or. 8210/S. 3558 和 S. 4064 以及 BD08467。

4　敦煌寫本中以雲占卜的文本 Or. 8210/S. 3326，由 Imre
　　Galambos 譯為英文；見 the International Dunhuang Project
　　website（國際敦煌項目）, idp.bl.uk。

5　關於西藏佛教之「虹光身」（'ja' lus），見 Kapstein
　　2004；此處 Kapstein 也順帶提到了 P.t. 996 的中國背景。

6　關於中文阿彌陀佛文本選集，見 Giles 1957, 191-92。關於
　　敦煌藏文阿彌陀佛寫本，見 Silk 1993。

7　關於吐蕃帝國時期及之後藏人在安多的活動，見 van
　　Schaik, Galambos 2012。格瓦·饒薩壓制頓悟教法的活動
　　在 A mdo'i chos byung [《安多佛教史》]，23.21 中有記
　　載。Amy Heller 在數篇文章中討論過這個區域內西藏佛教
　　活動的藝術史跡證，如 Heller 1994。關於該地區各個遺
　　址，見 Horleman 2012。

8　Roberto Vitali 1990, 18, 21-22 認為滿和尚的護持者是卓·
　　墀松傑拉囊（Dro Khri sum rje stag snang），他在 810 年以
　　前一定居住於敦煌，當時由於陞任為東北駐軍大臣暨將
　　軍，他便搬遷至如瓜州這樣的大縣。一封由漢地官員寫給
　　尚·墀松傑[*6]（Zhang Khri sum rje）的信（P.t. 1070）進一
　　步證明後者選擇敦煌為居所，並在那裡興建了一座寺院。

信中還問候了尚·墀松傑的父親，表示他在此區域內與卓氏家族存在長期的友好關係。見 Demiéville [1952] 2006, 280-90。

9 敦煌抄本是單一件寫本，但分散成兩件：IOL Tib J 705 和 P.t. 818。它已被 Kimura 1981、Okimoto 1993 和 van Schaik 2014 討論過。關於塔波和岡德拉的版本，見 Otokawa 1999 和 Tauscher 2007。

10 關於《壇經》寫本複製品的功能，見 Barrett 2005, 116。

11 此處翻譯成「見道」的藏文為 *lam mthong*。這也許等於菩薩五道之第三道的 *lam mthong*（梵 *darśanamārga*），也可能是指一種特定的修持法。

12 其藏文是 *rgyal po myes*。目前仍不清楚這裡指的是哪個政權，究竟是某位國王，還是雅魯王朝歷代國王的總稱。如果這篇文章指的是後來被稱為梅阿迥（Myes 'ag tshom）的國王，則年代有誤，因為這位統治者的官方名字為赤德祖贊（Khri lde gtsug btsan），執政於八世紀上半葉。

13 此處所說的佛教末法的敘事已有諸多討論，但最好的一篇是 Nattier 1991。這裡所說的三士，應該是指出現在許多佛教論述中的下士、中士和上士的區別。這種區別較少用於實修，較常用來解釋經典資料。這裡似乎將三士與佛教末法的敘事一同引用，以證明在教學中使用各種方法而非不固定之單一方法的正當性。

14 以上這個段落似乎是一部分《八十真實經》的意譯。

15 這可能與上面記載的南開寧波圓寂之巖約（Yam yog）的閉關房是同一個地方。

譯註

*1　西元 648 年唐朝設安西大督護府於龜茲。

*2　此二地皆位於目前西藏以外的地區。塔波及岡德拉二寺位於北喜馬拉雅印度地區，Lahaul and Spiti District, Himachal Pradesh。塔波寺位於 Spiti Valley，岡德拉寺位於 Lahaul Velley，後者與拉達克比鄰。

*3　此處作者將 Lhagsa brag rtsa 譯為地名，然譯者認為 lhagsa 是後方土地，brag rtsa 是石墩，意思似為「後方土地石墩處」。

*4　此處藏文 lo lnga brgya' gsum pa 是指三個五百年，故應為一千五百年而非一千年。

*5　此處藏文 'di'i don ma bshad par yang rang mdzal pa'i rigs，其意似應為「不可言說之義亦可自知」。

*6　「卓・墀松傑」的「卓」是指西藏的卓氏族。「尚・墀松傑」的「尚」是唐代所譯（見《藏漢大辭典》，頁 2372），通常表示是王室之外戚。

第十章 禪法與密續

密續修持法中的禪法

十世紀一篇關於密續大瑜伽修持法文章的不知名作者，對於「見」或修行的哲學背景作出如下之陳述：「依據禪法、經教和密咒諸文本顯示，見是無所得。」[1] 雖然「無所得」這個用語的確在顯密文獻及禪本中皆可找到，但這句話的有趣之處並不在於它是否屬實，而在於做出這樣的陳述顯然毫無爭議。這句話的上下文並未表明有任何特定的教義或宗派差異需要捍衛或對治。而且，如果這個共同的觀點不被認為是個問題，那麼參與這些不同法門的修行就可能沒有任何思想上的障礙。最近對於中國禪法的研究顯示情況正是如此，即八到十世紀的禪、密佛教之間存在著極大量的重疊。

八世紀期間，印度大師善無畏（Śubhākarasiṃha）和金剛智（Vajrabodhi），在中國向包括禪傳承在內的各種不同背景的弟子傳法，其中一些弟子還參與了戒壇的建立，包括一個具有密續稱號的「五佛圓明[*1]壇城」。敦煌的中文寫本有證據顯示，這種潮流一直持續到十世紀。八十七頁的摺頁式寫本 P.c. 3913 是一本入毘盧遮那佛曼荼羅的儀則彙編。文本為其教法提供了兩個傳承系譜，兩者都毫無疑問的是禪師的名單。作品的標題說明它是用於戒壇的儀式，這表示在禪修儀式中所使用的戒壇可以被視為密續曼荼羅的實體呈現。[2] 將此稱為「綜攝」，一個意味著兩種不同實體結合的詞語，並沒有太大意義。相反的，我們看到文本和教法的傳承並沒有後來的傳統強

行給予之明確區分。[3]

　　此處翻譯的文本來自 P.t. 699，是五件關係密切之寫本的其中一件，這五件寫本顯然都是由同一人所寫的：即 P.t. 322、626、634、699 和 808。第一件寫本是一篇對於幻化網（*māyājāla*）密續之密續諸本尊的祈願文，第二及第三件是密續成就法本（*sādhana*），第四件是對一篇簡要的禪修法本的〈評論〉，第五件則是對三寶等佛教概念以禪宗的角度來詮釋。[4]

　　P.t. 626 和 634 兩件成就法本的顯著特徵是，它們結合了藏文禪本之中的看心法，特別是那些題名摩訶衍的文本（見第六和第七章）。大瑜伽成就法的修習通常分為三個階段，也被稱為三三摩地（藏 *ting nge 'dzin*，梵 *samādhi*），這也是我們在 P.t. 626 和 634 當中所看到的。這三個三摩地是：（i）真如三摩地，（ii）明光三摩地，以及（iii）因三摩地。[5]我們發現看心法的技巧是在三階段中的第一階段得到描述：

> 謂「看心」者：看己之心是方法，無住無分別是正智。謂「一切皆無」者，乃示之以安心二法：觀心法與安心法。觀法乃以心看心，得心無形色之法。安法乃一無所思地安心。[6]

　　從這個三摩地所產生的精神狀態，在這兩個成就法中被描述為無思（*mi bsam*）、無分別（*mi rtog*）和不作意（*yid la mi byed pa*），一種類似金和尚及無住「三句言教」的三個詞語組合（見第八章）。由此產生的靜心狀態，也以一系列的隱喻來描述，如巡夜者看到賊等，其中很多都是來自神秀的作品，

也被摩訶衍所使用。[7]

這兩個成就法顯示，以「看心」為名傳授的禪修技巧流行於敦煌的中國和西藏的禪傳承中，其中也包括摩訶衍的傳承，該法被改寫為大瑜伽第一階段的修習法。這些資料以及第九章中討論過的南開寧波的偈頌都明確顯示，禪傳承的禪修指導中，其背景經常可見密續修習的色彩。而在第十世紀之前，大瑜伽已經成為西藏最受歡迎的密續形式，所以大瑜伽成就法成為這些禪修法門的主要背景之一也就不足為奇了。

〈簡短箴言〉和〈評論〉

P.t. 699 中評論的文章是一系列簡短的禪修指引。它沒有名稱，但在《禪定目炬》的禪法章節中被引用，標題是〈簡短箴言〉（*Lung chung*）。它也出現在其他敦煌寫本中：於一件專屬寫本 IOL Tib J 689 之中；於禪本彙編 P.t. 21 之中，裡面還包括了第五章中所翻譯的以中觀為主題的文本；也在小型的摺頁式寫本 IOL Tib J 1774 之中，這件寫本在〈簡短箴言〉之後還有一些密續的筆記。這足以說明這篇簡短的文字相當受歡迎，可能是因為它是禪門中少有的詳盡且具體的說明。[8]

在喚起終結一切有情眾生痛苦的慈悲動機之後，〈簡短箴言〉便給予禪修的指示，從看心開始，而後進入無思無分別的狀態。接下來，它描述了由此產生的空性證悟以及輪涅平等，從此，心無須抑制思想便能自得解脫。禪修者被指示要維持在不動的禪定狀態，而禪修的覺受會變得愈來愈細緻、寂靜與清晰。

〈評論〉相當詳盡地解釋了禪修，最詳細的部分是在任何

藏文禪本中都可以發現的看心法的指示。這個過程是一種思維上的探究，類似 P.t. 626 和 634 當中所描述的方式，但更為細緻。探究的基礎是提出八個關於心的問題：

> 此八問須以演繹之法推定。心是能執取者？是常？是斷？是生？是滅？是四色？八形相？是能知者？

這些問題的回答會帶出心不在任何地方的結論，這便為無思無分別的狀態清除了障礙。〈評論〉也使用三句言教，在此清楚地命名為：無思（*mi sems*）、無憶（*mi dran*）和虛妄（*sgyu ma*）。這些顯然是以無住的言教為基礎，如同 P.t. 116 中所記載的（見第二章）。〈評論〉也將心不存在的直接覺受連結到「一法三昧」[*2]（*ting nge 'dzin tshul cig*）的修行法，這就與《楞伽師資記》中道信祖師的教法息息相關（見第四章）。

P.t. 699 之中的〈評論〉作者特別喜歡使用比喻。心似一整疊頁面持續被翻動的紙張，又像瀑流。禪修時，它可以像一盞風也無法吹熄的燈。六根則以一系列引伸的譬喻來描述：

> 虛妄之身入於觸，如幼鳥啄食種子。虛妄之意入於法，如單手搖旗。虛妄之眼入於境，如鵝觀尾。虛妄之耳入於聲，如鹿近山間小徑。虛妄之鼻入於嗅，如神靈待煙供。虛妄之舌入於味，如飲用毒青稞酒。

有些譬喻，如鹿接近山間小路、神靈等待煙供及飲用有毒青稞酒等，都有西藏的味道，表示此文本與另外兩件成就法本

都是由同一位具有西藏文化背景之人所撰寫的，相較於我們在前幾章中所看到的其他禪本更是明顯如此。另外一件由這位抄寫者所繕寫的禪本 P.t. 808，顯然也是在西藏創作的，因為作者解釋「寶」和「佛」這兩個詞語的方式，完全是基於藏文詞語 *dkon mchog* 和 *sangs rgyas* 的形式。因此，十世紀時謄錄這些寫本的抄寫員似乎是在抄寫以藏文創作的文本，也許地點是在吐蕃帝國覆滅後敦煌附近的藏語地區。

P.t. 699 之中〈評論〉的作者和信眾是生活在一個同時熟悉禪、密兩種修行法的文化中，這種想法經由使用大瑜伽文本來合理化禪宗的一些教義而得到加強。為了證實〈簡短箴言〉所提到的「不動定」這個陳述不僅是在思想上理解無我，作者還引用了大瑜伽專著《金剛薩埵問答》（*Rdo rje sems dpa'i zhus lan*），這是在敦煌相當流行的文本，至今仍存在三件不同的寫本，其中一件是由一位中國高官所謄錄的。這予人一種多元文化和多元語系的感受，於其中，禪法和大瑜伽修持法共存共榮。[9]

禪師與密續大師

關於藏人（或至少是說藏語的）族群為了結合密續成就法與禪法所製作的這些寫本還有什麼可說的嗎？在 P.t. 699 的〈評論〉結尾，抄寫者添加了幾句話，描述傳授契經和傳授阿底瑜伽之大師的本質。後者是「大圓滿」（*rdzogs chen*）的同義詞，而大圓滿是在少數敦煌寫本中可以找到的一種西藏修行傳統和文學體裁。在敦煌文獻的時代，也就是到十世紀末，大圓滿主要是一種修行密續成就法的方法。其中一個例子，可以

在與 P.t. 699 同一位抄寫者的另一份寫本中看到，裡面有一首
關於密續修持法的偈頌：

> 本初任顯大圓滿之法，
> 最勝般若莊嚴之行境，
> 以口訣盡施具智者故，
> 說此了義論者我頂禮。
> 無中無邊離一亦離多，
> 離言不思議之曼荼羅，
> 顯了自明本智遍知心，
> 偉大金剛薩埵我頂禮。

這幾句（以及寫本中接下來的另外八句）表示，大圓滿被
認為是大瑜伽成就法的一部分。並且，它們的語氣與前一章中
討論的南開寧波的偈頌驚人地相似。當時，禪和阿底瑜伽似乎
有著類似的功能，也就是為密續成就法提供觀想的背景。也許
這就是為什麼 P.t. 699 的抄寫者附加了這些關於這兩類大師的
句子。兩種大師都為密續修行法提供了異曲同工的法門。

由於這幾句書寫的型態造成其中某個敘述所指是哪種大師
並不完全清楚。[10]第一個問答可以這樣重新整理出來：

> 傳授阿底瑜伽之阿闍黎應如何？如迦樓羅展翅沖天，其
> 一覽無遺地了知眾生，闡明諸乘，橫越虛空。「闡明」乃
> 無雜染地傳授大義。如翱翔天際之迦樓羅，其引出意義之
> 大者，傳授所應遊歷道路之區別。

　　這當然與阿底瑜伽的文本息息相關，其中迦樓羅（藏 *khyung*）起了象徵和隱喻的作用。這個段落意味著阿底瑜伽的大師傳授的是一種修行法的內在本質（或「意義」），而不會參雜或混淆不同修行法的內涵。這與我們在其他寫本中看到的阿底瑜伽（大圓滿）的角色相符。至於契經的大師，他（她）被比作另一種神話中的鳥，即鵝王（藏 *ngang pa'i rgyal po*，梵 *haṃsarāja*）。在佛陀的一個本生故事《鵝王本生經》（*Haṃsajātaka*）中，野鵝王落入了陷阱，被釋放後不但不飛走，反而到王宮中為國王及王后傳授佛法。

　　　傳授契經之阿闍黎又如何？如鵝王從容不迫，解說祖師傳承之法義，直解此等語句之大用。彼如小羊攀爬岩石之下士，其以不合宜惟適於彼等之開示，令過失亦成功德。於大眾集聚處，其以具深義之語傳法。其說法之心如隱匿之陸龜，解此隱匿之密即為此等大師之功德矣。

　　這類大師的傳法活動是指頓法禪師的傳法活動，而那些如同小羊一般緩慢攀爬者是下士。禪傳承之背景也由「祖師傳承」這個用語表露出來，顯然是影射如《楞伽師資記》這類文本和 P.t. 996 的敘事中所描述的祖師們。這位契經大師的教法也是以祕密的方式描述的，正如我們所看到的禪法與密續修持諸法一樣，都是以祕密的方式進行的（例如，請看求那跋陀羅在《楞伽師資記》中對其教法的描述）。

　　P.t. 699 的抄寫者將這兩類大師之敘述併列的方式，並非表示其中一種必須優於另外一種的較量，或是如同《禪定目炬》中所說的層級區分。[11] 相反的，它意味著這兩類大師的角

色是互補的。它們可能由同一位大師獨立承擔，取決於受教者，就像同一位抄寫者寫下了 P.t. 626 和 634 之中的密續成就法，又書寫了 P.t. 699 之中的禪修法門〈評論〉。這種情況為重建人們如何將這些文本付諸實踐提供了更好的可能性，而不是《禪定目炬》中所設定的旗幟鮮明的義理區分。

譯文

〈簡短箴言〉（*Lung chung*）

無邊之有情眾生，處輪迴之牢籠、苦難之長河、無明之陷阱中。為摧毀此陷阱，令入無餘涅槃而滅渡之，應：

手足交錯，背脊挺直，身體不動，不發一語。遮止不入心六門之妄境，而後看心。看心時，心全無自性，故一無所思。於煩惱行相不作意，故無分別，如是完全清淨心之行境，久坐後，心將安穩。

痛苦即菩提，輪迴即涅槃，智慧之自性本初無生。不滅於邊，亦不住現在。三時等空。空之本性亦為空，故於空性中不分別空性。

所生之覺受均息止後，便無需費力遮止與持續克制心及一切所依所現之粗細習氣。無所得慧同於不動定，故將逐漸清淨頓證解脫，於生起者不分別，亦不住不生之中。

日夜各禪修三次，斷精進心，無所思地觀修不思議之智。教言思即不思，不思亦不思矣。勿思「不思！」[12]

教亦云，此將日益細微、清澈、平等。於無分別界中，無我自現。此法已交付摩訶迦葉，達摩多羅亦依此觀修。無分別澄清明，澄清即無分別。此乃自明之本智。

此處所說無有定法。

〈評論〉

手足交錯，背脊挺直，身體不動，不發一語。[13]

以五手印修習無分別。此五手印為：眼觀鼻、舌頂上顎、右手置左手上、右腳置左腳上、背脊挺直。眼觀鼻斷所見之境，舌頂上顎斷說、想之境，右手置左手上斷能取所取之境，右腳置左腳上斷來去二境。總攝此五者，修習無分別。

遮止不入心六門之妄境，

虛妄之身入於觸，如幼鳥啄食種子。虛妄之意入於法，如單手搖旗。[*3] 虛妄之眼入於境，如鵝觀尾。虛妄之耳入於聲，如鹿近山間小徑。虛妄之鼻入於嗅，如神靈待煙貢。虛妄之舌入於味，如飲用毒青稞酒。

教亦云：「應知六境善欺，識易放逸，應遮止而不入。」凡士夫以尋思之道轉散亂之心即心之涅槃矣？非也，教又云：「領悟之要莫若一己之識。」[14]

看心。看心時，心全無自性，

看心之法為：心與心何住之問有八。此八問須以演繹之法推定。心是能執取者？是常？是斷？是生？是滅？是四色？八形相？是能知者？

心非能取之所取，因其能入所有行相之對境。心非所取者亦非能取者。心之差別乃相異之對境耶？非也，故其亦不能執

取多境。

若問心乃恆常？心非恆常，因一彈指間，聲聞之眼便可細數三百六十剎那。如戳刺三百六十頁紙，即刺即數，心相續亦如是。若問其是否為斷？亦非為斷。如不為風吹動之酥油燈，心可緊隨外境，故亦非斷。

「則此心為生？」其亦非生。心不成實、其無相、無形色、非生非滅。心如瀑流，其可入並撼動所有行相之境。故心非滅。

「然則，無心否？」彼甚深殊勝之行境乃以般若之力觀修與伺察者。士夫伺察時，能得他物？或無物可得？教亦云：

> 如是了悟之義，僅為自所證者，所證者為：名無可立亦無以言詮，此義無諍。心者，其細如微塵之領受亦無。所謂「領受且了知其他」，將墮聲聞獨覺之地。

於煩惱行相不作意，故無分別，

此時應修行三教誡、三口訣、三種子字（嗡、啊、吽）。心全無自性，故一無所思即修習無思。不思心之自性，於諸煩惱亦無分別，故修習無分別。心無所住，故修習無住。

此時修習三口訣。心之自性無處可立，故修無心。心無憶念之對境，故修無憶。因無可憶念之對境，故修虛妄。

又，心全無自性故，此即修戒。於諸煩惱不作意故，此即修定。如此則心之所行境完全清淨故，「一無所住」即是修慧。如於完好之器皿中注淨水，日影月像即清楚顯現。如是自修一向三昧（*ting nge 'dzin cha cig pu*），達禪定時，將生觀

慧。以上即是安心之法。

如是完全清淨心之行境，久坐後，心將安穩。

教云心如電、如風、如雨，亦如大湖之波瀾。未領受無分別心前，觀修之本質如戰士之行境。故應經常降伏歡喜及躁動。倘心轉為無實無分別時，乃調伏且不動者。自心應如是調伏之。

無生無滅，痛苦即菩提，輪迴即涅槃。智慧之自性本初無生。

心異於苦，亦不離菩提。本初無我之法，自始無生。以般若了知法性，則法性之義亦能不顛倒地盡數證知。

不滅於邊，亦不住現在。

證不滅之心後，應不住現在。謂「不住現在」非施設「僅此而已」之義，此義不應施設。

三時等空。

非三時全空，然三時於平等性中為空。

空之本性亦為空，

法性於空性中為空。

故於空性中不分別空性。

物空非此空。故說「空」時，不可僅立為物空。

所生之覺受均息止後，

覺受並非苦樂之感受[*4]。所生者同賊，覺受如哨兵，外在之受乃心所投射之五種欲樂。

無需費力遮止與持續克制心及一切所依所現之八十四習氣。

具足聲聞寂靜對治之時，則變異亦同「啊」字。以無觀法之觀及無止法之止觀修平等法性，餘皆不要。

逐漸清淨頓證解脫，

止觀等持中，剎那間即於佛之「普光地」[*5]修習金剛喻定[*6]。

無所得慧，

無所得慧乃觀修無分別止[*7]，一日三次，一夜三次。

等於不動定，

不動定不等同為觀，謂「不等同」者，僅看須彌山不是上

山。若問此為何處所見？《金剛薩埵問答》云：

此我執應全捨；彼法執無自在我。[15]

應如是見。至於住，應無所住，外境不住，內心亦不住。

於生起者不分別，亦不住不生之中。

不分別流轉之六聚，亦不住不覺不生中，不分別己心之粗細。倘無極微之動，便不容剎那之散亂。

日夜各禪修三次，斷精進心，

觀修無分別，一日三次，一夜三次。

無所思地觀修不思議之智。

此為觀修之總結。

教言思即不思，不思亦不思矣。

無此無分別義之思，亦無其餘之思。

教亦云勿思「不思！」

為明了無分別義，勿思。

此將日益細微、寂靜、清澈、平等。

轉化所依後，住法界平等自性中。最微細之所依習氣亦如是做。澄清心智之自性。

此法已交付摩訶迦葉。

此法已交付二十八印度尊者傳承，最末者乃達摩多羅。

達摩多羅亦依此觀修。

尊者明了人無我與法無我。

無分別澄清，澄清即無分別。此乃自明之本智。此處所說無有定法。
完。

傳授阿底瑜伽之阿闍黎應如何？如迦樓羅展翅沖天，其一覽無遺地了知眾生，闡明諸乘，橫越虛空。「闡明」乃無雜染地傳授大義。如翱翔天際之迦樓羅，其引出意義之大者，傳授所應遊歷道路之區別。

傳授契經之阿闍黎又如何？如鵝王從容不迫，解說祖師傳承之法義，直解此等章句之大用。彼如小羊攀爬岩石之下士，其以不合宜惟適於彼等之說法，令過失亦成功德。於大眾集聚處，其以具深義之語意傳法。其說法之心如隱匿之陸龜，解此隱匿之密即為此等大師之功德矣。

原註

1　這句話出自 IOL Tib J 508, 19；在 van Schaik 2008a, 49 中討論過。

2　關於中國禪法與密續修持法的重疊之處，譬如，見 Tanaka 1981 和 Sørensen 1989。關於 P.c. 3913，見 Tanaka 1981。關於此處以及其他許多曼荼羅的寫本，見郭麗英（Kuo Liying）1998；她對於另外一件寫本 P.c. 2012 之曼荼羅圖解的研究，說明了它們如何偏離了標準的密續曼荼羅，以及它們如何應用於供養、懺悔，以及授戒三個儀式當中。雖然她並未如此表示，但這些曼荼羅的獨特形式以及其用途顯示，它們也可能是在禪傳承中發展出來的。

3　關於對綜攝的批評，以及近期為這個詞語平反的努力，見 Stewart, Shaw 1994 之導論。

4　關於這些寫本，見 van Schaik, Dalton 2004。

5　關於三三摩地，見 van Schaik 2008a。

6　P.t. 626, 2v-3r.

7　關於神秀運用的譬喻，見 McRae 1986。賊的比喻也在 IOL Tib J 710（翻譯於第三章）的第一個文本中，摩訶衍也在中文版《正理決》一段《大般涅槃經》（P.c. 4646, 147r-v，英譯於 Demiéville [1952] 2006, 125）的引文中使用。

8　後面翻譯的〈簡短箴言〉原文是直接譯自最佳的寫本版本，IOL Tib J 689，而〈評論〉則是來自 P.t. 699；因此在原文的譯文以及〈評論〉所摘錄的原文譯文間，有一些微小的差異。

9　關於《金剛薩埵問答》，見 Takahashi 2010。另見 van

Schaik 2008b, 23-26 中關於謄錄某個版本的中國官員的討論。

10　此處對於最末一頁的詮釋與 van Schaik, Dalton 2004 中的不同。

11　我曾經在別處表示，努・桑傑耶謝在《禪定目炬》中所做的法門區分是規範性而非敘述性的：見 van Schaik 2004b, 2008a。也就是說，桑傑耶謝致力於將漸門、頓門、大瑜伽及阿底瑜伽加以分類，使得每個類別能夠清楚的區隔開來。敦煌寫本顯示，一直到十世紀末，幾乎是《禪定目炬》完成之後一百年，這樣的區分在修行上的意義非常小。

12　這段引文是出自 *Anantamukhasādhāka-dhāranī* [《無邊門成就陀羅尼》]（D. 914, 249b）。

13　因為長度的理由，此處我的譯文省略了原文起首數行的〈評論〉。第一部分〈評論〉的主要內容是進一步闡述輪迴的過患。

14　〈評論〉中有幾個經典引文已無法確認出處，它們有可能是意譯而非直接引用。

15　有個類似（但不完全相同）的段落在《金剛薩埵問答》第二十八題答案的一部分（見 Takahashi 2010 之英譯版本）。

譯註

*1　善無畏譯《慈氏菩薩略修瑜伽念誦法》卷 2〈畫像品第五〉：「中心畫大圓明，就大圓明中，更分為井。中心五

圓明，四隅畫四半月，圓明中間用十二金剛界道。」
（CBETA 2019.Q4, T20, no. 1141, p. 595c6-8）

*2　道信說「一行三昧」（*gcig spyod pa'i ting nge 'dzin*），
〈簡短箴言〉說「一向三昧」（*ting nge 'dzin cha cig
pu*），此二者與作者所說之「一法三昧」（*ting nge 'dzin
tshul cig*）均不相同，此三者是否為同樣的禪修法仍待探
討。

*3　此段藏文 | *lus 'khul te rag bya la 'dzug pa'i dpe ni | bye'u
rnyong la zin pa 'dra | yid 'khrul te chos la 'dzug pa'i dpe
rkyang la dar phyar b 'dra* | 譯者對其看法與作者略有差
異：「虛妄之身入於觸，如幼鳥落於陷阱；虛妄之意入於
法，如對驢搖旗。」

*4　這段藏文 | *tshor ba ni skyid sdug nyams su myong ba'o* |，其
中並無否定之意，似應譯為「覺受即是苦樂之感受」。

*5　西藏寧瑪派大圓滿修行將菩薩境界分為十六地，前十地與
顯教相同。依《廣大明覺自現續》所說，普光地為菩薩之
第十一地，第十二至十六地為：淨蓮地、咒蔓大集地、大
樂地、金剛持地、無上智地。

*6　曇曠《大乘百法明門論開宗義記》：「菩薩要至金剛喻
定，一剎那中三界九地兼末那惑一時頓斷。」（CBETA
2020.Q1, T85, no. 2810, p. 1058a13-14）

*7　《摩訶止觀》卷 9：「又深觀禪心，禪心即空、即假、即
中，無二無別，名『無分別止』。」（CBETA 2019.Q4,
T46, no. 1911, p. 131b6-8）

參考書目

這個書目僅包括了現代的出版品。書中提到的藏文及中文藏經參考作品，請見各章註解。

Adamek, Wendi. 2007. *The Mystique of Transmission.* New York: Columbia University Press.

———. 2011. *The Teachings of Master Wuzhu: Zen and the Religion of No-Religion.* New York: Columbia University Press.

Anderl, Christoph. 2013. "Was the Platform Sūtra Always a Sūtra?— Studies in the Textual Features of the Platform Scripture Manuscripts from Dùnhuáng." In *Studies in Chinese Manuscripts: From the Warring States Period to the 20th Century,* edited by I. Galambos, 121-76. Budapest: Institute of East Asian Studies, Eötvös Loránd University.

Austin, J. A. [1962] 1971. *How To Do Things with Words.* London: Oxford University Press.

Barrett, T. H. 2005. "Buddhist Precepts in a Lawless World: Some Comments on the Linhuai Ordination Scandal." In *Going Forth: Visions of Buddhist Vinaya,* edited by W. M. Bodiford, 101-23. Honolulu: University of Hawai'i Press.

Beckwith, Christopher. 1987. *The Tibetan Empire in Central Asia.* Princeton: Princeton University Press.

Bretfeld, Sven. 2004. "The 'Great Debate' of bSam yas:

Construction and Deconstruction of a Tibetan Buddhist Myth." *Asiatische studien/Études asiatiques* 58, no. 1: 15-56.

Broughton, Jeffrey. 1983. "Early Ch'an Schools in Tibet." In *Studies in Ch'an and Hua-yen,* edited by Robert Gimello and Peter N. Gregory, 1-68. Honolulu: University of Hawai'i Press.

_____. 1999. *The Bodhidharma Anthology: The Earliest Records of Zen.* Berkeley: University of California Press.

_____. 2009. *Zongmi on Chan.* New York: Columbia University Press.

Cabezón, José. 2001. "Authorship and Literary Production in Classical Buddhist Tibet." In *Changing Minds: Contribution to the Study of Buddhism and Tibet,* edited by Guy Newland, 233-64. Ithaca, N.Y.: Snow Lion Publications.

Cantwell, Cathy, and Robert Mayer. 2013. "Neither the Same nor Different: The Bon *Ka ba Nag po* in Relation to Rnying ma Phur pa Texts." In *Scribes, Texts, and Rituals in Early Tibet and Dunhuang,* edited by Brandon Dotson, Kazushi Iwao, and Tsuguhito Takeuchi, 87-100. Weisbaden: Reichert Verlag.

Cleary, Thomas. 1986. *Zen Dawn: Early Zen Texts from Tun Huang.* Boston: Shambhala Publications.

Cole, Alan. 2009. *Fathering Your Father: The Zen of Fabrication in Tang Buddhism.* Berkeley: University of California Press.

Collins, Randall. 2004. *Interaction Ritual Chains.* Princeton: Princeton University Press.

Culler, Jonathan. 1975. *Structuralist Poetics: Structuralism,*

Linguistics, and the Study of Literature. London: Routledge and Kegan Paul.

Dagenais, John. 1994. *The Ethics of Reading in Manuscript Culture.* Princeton: Princeton University Press.

Davidson, Ronald M. 2005. *Tibetan Renaissance: Tantric Buddhism in the Rebirth of Tibetan Culture.* New York: Columbia University Press.

Demiéville, Paul. [1952] 2006. *Le concile de Lhasa: Une controverse sur le quiétisme entre bouddhistes de l'Inde et de la Chine au VIIIe siècle de l'ère chrétienne.* Paris: Institut des hautes études chinoises.

＿＿＿＿. 1973. *Choix d'études sinologiques.* Leiden: Brill.

Drikung Kyabgön Chetsang. 2010. *Lanka'i mkhan po dang slob ma'i mdo: Bod rgya shan sbyar* [The record of the Laṅka masters and disciples: Tibetan-Chinese bilingual edition]. Dehradun: Songtsen Library.

Eastman, K. W. 1983. "Mahayoga Texts at Dunhuang." *Bulletin of the Institute of Cultural Studies, Ryukoku University* 22: 42-60.

Faber, Flemming. 1985. "A Tibetan Dunhuang Treatise on Simultaneous Enlightenment: The *Dmyigs Su Myed Pa Tshul Gcig Pa'i Gzhung.*" *Acta Orientalia* 46: 47-77.

Faure, Bernard. 1997. *The Will to Orthodoxy: A Critical Genealogy of Northern Chan Buddhism.* Stanford: Stanford University Press.

Ferguson, Andrew. 2011. *Zen's Chinese Heritage: The Masters and Their Teachings.* Boston: Wisdom Publications.

Gibson, James. 1979. *The Ecological Approach to Visual Perception.* Boston: Houghton Mifflin.

Giles, Lionel. 1957. *Descriptive Catalogue of the Chinese Manuscripts from Tun-huang in the British Museum.* London: British Museum.

Glass, Andrew. 2007. *Four Gāndhārī Saṃyuktāgama Sūtras: Senior Kharoṣṭhi fragment 5.* Seattle: University of Washington Press.

Gnubs sangs rgyas ye shes. 1974. Rnal 'byor mig gi bsam gtan [*Lamp for the Eyes of Contemplation*]. Leh, Ladakh: S. W. Tashigangpa.

Gómez, Luis. 1983a. "The Direct and the Gradual Approaches of Zen Master Mahāyāna: Fragments of the Teachings of Mo-ho-yen." In *Studies in Ch'an and Hua-yen,* edited by Robert M. Gimello and Peter N. Gregory, 69-168. Honolulu: University of Hawai'i Press.

_____. 1983b. "Indian Materials on the Doctrine of Sudden Enlightenment." In *Early Ch'an in China and Tibet,* edited by Whalen Lai and Lewis Lancaster, 393-434. Berkeley: University of California Press.

Heller, Amy. 1994. "Ninth-Century Buddhist Images Carved at lDan Ma Brag to Commemorate Tibeto-Chinese Negotiations." In *Tibetan Studies: Proceedings of the 6th International Seminar of the International Association for Tibetan Studies, Fagernes 1992,* edited by P. Kværne, 1:335-49. Oslo: Institute for Comparative Research in Human Culture.

Herrmann-Pfandt, Adeleheid. 2002. "The *Lhan kar ma* as a Source for the History of Tantric Buddhism." In *The Many Canons of Tibetan Buddhism,* edited by Helmut Eimer and David Germano, 129-49. Leiden: Brill.

Horleman, Bianca. 2012. "Buddhist Sites in A mdo and Former Long you from the 8th to the 13th Century." In *Old Tibetan Studies: Proceedings of the Tenth Seminar of the IATS, 2003,* edited by Christina Scherrer-Schaub, 119-57. Leiden: Brill.

Imaeda, Yoshiro. 1975. "Documents tibétains de Touen-houang concernant le concile du Tibet." *Journal asiatique* 263: 125-46.

Ingold, Tim. 2000. *The Perception of the Environment: Essays on Livelihood, Dwelling, and Skill.* London: Routledge.

Iwao Kazushi. 2011. "Chibetto shihai shoki no tonkō-shi ni seki suru shin shiryō" [New historical sources on the beginning of the Tibetan control of Dunhuang]. *Dunhuang xieben yanjiū nianbao* 5: 213-24.

Jackson, David. 1994. *Enlightenment by a Single Means: Tibetan Controversies on the Self-Sufficient White Remedy (dKar po Chig thub).* Wien: Verlag der Osterreichische Akademie der Wissenschaften.

Jao, Tsong-yi, and Paul Demièville. 1971. *Airs de Touen-Houang: Textes à chanter des VIIIe– Xe siècles: Manuscrits reproduits en facsimilé.* Paris: Éditions du Centre national de la recherche scientifique.

Jones, A. 2004. "Archaeometry and Materiality: Materials-Based Analysis in Theory and Practice." *Archaeometry* 46, no. 3: 327-38.

Jørgensen, John. 2005. *Inventing Hui-neng, the Sixth Patriarch: Hagiography and Biography in Early Ch'an.* Leiden: Brill.

Kapstein, Matthew. 2000. *The Tibetan Assimilation of Buddhism: Conversion, Contestation, and Memory.* Oxford: Oxford University Press.

_____, ed. 2004. *The Presence of Light: Divine Radiance and Religious Experience.* Chicago: University of Chicago Press.

_____. 2007. "The Tibetan Yulanpen jing." In *Cultural Contributions to the Cultural History of Early Tibet,* edited by Matthew Kapstein and Brandon Dotson, 211-38. Leiden: Brill.

Karmay, Samten. [1988] 2007. *The Great Perfection (Rdzogs chen).* Leiden: Brill.

Kieschnick, John. 1997. *The Eminent Monk: Buddhist Ideals in Medieval Chinese Hagiography.* Honolulu: Hawai'i University Press.

Kimura, Ryūtoku. 1976. "Tonkō shutsudo chibetto bun shahon Stein 709" [The Dunhuang Tibetan manuscript Stein 709]. *Nihon chibetto gakkai kaihō* 22: 11-13.

_____. 1980. "Tonkō chibetto go zen bunken mokuroku shokō" [Tibetan Chan at Dunhuang: A preliminary catalog]. *Tōkyō daigaku bunkabu kōryū shisetsu kenkyū kiyō* 4: 93-129.

_____. 1981. "Le dhyāna chinois au Tibet ancien après

Mahāyāna." *Journal asiatique* 269: 183-92.

Kuo Liying. 1998. "Maṇḍala et rituel de confession à Dunhuang." *Bulletin de l'Ecole française d'Extrême-Orient* 85: 227-56.

Lalou, Marcelle. 1939. "Document tibétain sur l'expansion du dhyāna chinois." *Journal asiatique* 1939: 505-23.

_____. 1953. "Les textes bouddhiques au temps du roi Khri-sroṅ-lde- bcan." *Journal asiatique* 1953: 313-54.

Langer, Rita. 2013. *Sermon Studies and Buddhism: A Case of Sri Lankan Preaching*. Tokyo: International Institute for Buddhist Studies.

Latour, Bruno. 2005. "Thou Shall Not Freeze-Frame—or How Not to Misunderstand the Science and Religion Debate." In *Science, Religion, and the Human Experience,* edited by James D. Proctor, 27-48. Oxford: Oxford University Press.

Liebenthal, Walter. 1953. "The Sermon of Shen-hui." *Asia Major* 3, no. 2: 132-55.

Lin, Pei-Yin. 2011. "Precepts and Lineage in Chan Tradition: Cross-Cultural Perspectives in Ninth-Century East Asia." PhD diss., SOAS, University of London.

Mair, Victor. 1981. "Lay Students and the Making of Written Vernacular Narrative: An Inventory of Tun-huang Manuscripts." *Chinoperl Papers* 10: 5-96.

_____. 1983. *Tun-huang Popular Narratives*. Cambridge: Cambridge University Press.

McRae, John. 1986. *The Northern School and the Formation of Early Ch'an Buddhism.* Honolulu: University of Hawai'i

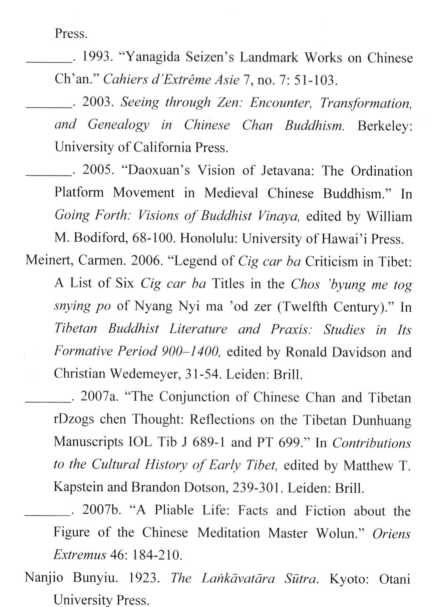

Press.

_____. 1993. "Yanagida Seizen's Landmark Works on Chinese Ch'an." *Cahiers d'Extrême Asie* 7, no. 7: 51-103.

_____. 2003. *Seeing through Zen: Encounter, Transformation, and Genealogy in Chinese Chan Buddhism.* Berkeley: University of California Press.

_____. 2005. "Daoxuan's Vision of Jetavana: The Ordination Platform Movement in Medieval Chinese Buddhism." In *Going Forth: Visions of Buddhist Vinaya,* edited by William M. Bodiford, 68-100. Honolulu: University of Hawai'i Press.

Meinert, Carmen. 2006. "Legend of *Cig car ba* Criticism in Tibet: A List of Six *Cig car ba* Titles in the *Chos 'byung me tog snying po* of Nyang Nyi ma 'od zer (Twelfth Century)." In *Tibetan Buddhist Literature and Praxis: Studies in Its Formative Period 900–1400,* edited by Ronald Davidson and Christian Wedemeyer, 31-54. Leiden: Brill.

_____. 2007a. "The Conjunction of Chinese Chan and Tibetan rDzogs chen Thought: Reflections on the Tibetan Dunhuang Manuscripts IOL Tib J 689-1 and PT 699." In *Contributions to the Cultural History of Early Tibet,* edited by Matthew T. Kapstein and Brandon Dotson, 239-301. Leiden: Brill.

_____. 2007b. "A Pliable Life: Facts and Fiction about the Figure of the Chinese Meditation Master Wolun." *Oriens Extremus* 46: 184-210.

Nanjio Bunyiu. 1923. *The Laṅkāvatāra Sūtra.* Kyoto: Otani University Press.

Nattier, Jan. 1991. *Once Upon a Future Time: Studies in a Buddhist Prophecy of Decline.* Berkeley: Asian Humanities Press.

Norman, Donald. 1988. *The Design of Everyday Things.* London: MIT Press.

O rgyan gling pa. 1983. *Bka' thaṅ sde lṅa* [*The Minister's Edict*]. New Delhi: Jayyed Press.

Obata, Hironobu. 1974. "Chibetto no zhenshū to rekidai hōbōki" [The Tibetan Chan school and the *Lidai fabao ji*]. *Zen bunka kenkyūsho kiyō* 6: 139-76.

Okimoto, Katsumi. 1993. "Daijō mufunbetsu shūjūgi jobun (Pelliot 996) ni tsuite" [Meaning of the practice of nondiscrimination in the Mahāyāna: Concerning Pelliot tibétain 996]. *Hanzano daigaku kenkyū kiyō* 25: 1-23.

Otokawa, Bun'ei. 1999. "New Fragments of the *Rnal 'byor chen por bsgom pa'i don* from Tabo." In *Tabo Studies II,* edited by C. Scherrer-Schaub and E. Steinkellner, 99-161. Rome: Istituto italiano per l'Africa e l'Oriente.

Pachow, Werner. 1979a. "A Study of the Twenty-Two Dialogues on Mahāyāna Buddhism." Part 1. *Chinese Culture, A Quarterly Review* 20, no. 1: 15-64.

_____. 1979b. "A Study of the Twenty-Two Dialogues on Mahāyāna Buddhism." Part 2. *Chinese Culture, A Quarterly Review* 20, no. 2: 35-110.

Pasang Wangdu and Hildegarde Diemberger. 2000. *dBa' bzhed: The Royal Narrative concerning the Bringing of the Buddha's*

Doctrine to Tibet. Wien: Verlag der Osterreichischen Akademie der Wissenschaften.

Petech, Luciano. 1994. "The Disintegration of the Tibetan Kingdom." In *Tibetan Studies,* edited by Per Kværne, 649-59. Oslo: Institute for Comparative Research in Human Culture.

Poceski, Mario. 2008. "Chan Rituals of Abbots' Ascending the Dharma Hall to Preach." In *Zen Ritual: Studies of Zen Theory in Practice,* edited by Steven Heine and Dale Wright, 83-111. New York: Oxford University Press.

van Schaik, Sam. 2003. "The Great Perfection and the Chinese Monk: rNying-ma-pa Defences of Hwa-shang Mahāyāna in the Eighteenth Century." *Buddhist Studies Review* 20, no. 2: 189-204.

_____. 2004a. *Approaching the Great Perfection: Simultaneous and Gradual Approaches to Dzogchen Practice in the Longchen Nyingtig.* Boston: Wisdom Publications.

_____. 2004b. "The Early Days of the Great Perfection." *Journal of the International Association of Buddhist Studies* 27, no. 1: 165-206.

_____. 2007. "Oral Teachings and Written Texts: Transmission and Transformation in Dunhuang." In *Contributions to the Cultural History of Tibet,* edited by Matthew T. Kapstein and Brandon Dotson, 183-208. Leiden: Brill.

_____. 2008a. "A Definition of Mahāyoga: Sources from the Dunhuang Manuscripts." *Tantric Studies* 1: 45-88.

_____. 2008b. "The Sweet Saint and the Four Yogas: A 'Lost'

Mahāyoga Treatise from Dunhuang." *Journal of the International Association of Tibetan Studies* 4: 1-67.

———. 2013. "Dating Early Tibetan Manuscripts: A Paleographical Method." In *Scribes, Texts, and Rituals in Early Tibet and Dunhuang,* edited by Brandon Dotson, Kazushi Iwao, and Tsuguhito Takeuchi, 119-35. Weisbaden: Reichert Verlag.

———. 2014. *The Tibetan Chan Manuscripts: A Complete Descriptive Catalogue of Tibetan Chan Texts in the Dunhuang Manuscript Collections.* Papers on Central Eurasia 1 (41). Bloomington: Indiana University.

van Schaik, Sam, and Jacob Dalton. 2004. "Where Chan and Tantra Meet: Buddhist Syncretism in Dunhuang." In *The Silk Road: Trade, Travel, War, and Faith,* edited by Susan Whitfield, 61-71. London: British Library Press.

van Schaik, Sam, and Imre Galambos. 2012. *Manuscripts and Travellers: The Sino-Tibetan Documents of a Tenth-Century Buddhist Pilgrim.* Berlin: de Gruyter.

van Schaik, Sam, and Kazushi Iwao. 2008. "Fragments of the Testament of Ba from Dunhuang." *Journal of the American Oriental Society* 128, no. 3: 477-88.

Schmid, Neil. 2001. "Tun-huang Literature." In *The Columbia History of Chinese Literature,* edited by Victor Mair, 982-87. New York: Columbia University Press.

Searle, John. 1976. "A Classification of Illocutionary Acts." *Language in Society* 5, no. 1: 1-23. Seyfort Ruegg, David.

1981. "Autour du lTa ba'i khyad par de Ye shes sde." *Journal asiatique* 269: 207-29.

———. 1992. "On the Historiography and Doxography of the 'Great Debate of bSam yas.'" In *Tibetan Studies: Proceedings of the 5th Seminar of the International Association for Tibetan Studies (Narita 1989),* edited by Shoren Ihara, 237-44. Tokyo: Naritisan Shinshoji.

Shinohara Koichi. 1998. "Evolution of Chan Biographies of Eminent Monks." *Bulletin de l'Ecole française d'Extrême-Orient* 85: 305-24.

Silk, Jonathan. 1993. "The Virtues of Amitābha: A Tibetan Poem from Dunhuang." *Ryūkoku daigaku bukkyō bunka kenkyūjo kiyō* 32: 1-109.

Solonin, Kirill. 2000. "The Tang Heritage of Tangut Buddhism: Teachings Classification in the Tangut Text 'The Mirror.'" Manuscripta Orientalia 6, no. 3: 39-48.

Sørensen, Henrik. 1989. "Observations on the Characteristics of the Chinese Chan Manuscripts from Dunhuang." *Studies in Central and East Asian Religions* 2: 115-39.

Stearns, Cyrus. 1996. "The Life and Tibetan Legacy of the Indian Mahāpaṇḍita Vibhūticandra." *Journal of the International Association of Buddhist Studies* 19, no. 1: 127-72.

Stein, R. A. 1983. "Tibetica Antiqua I: Les deux vocabulaires des traductions indo-tibetaines et sino-tibetaines dans les manuscrits Touen-Houang." *Bulletin de l'École française d'Extrême-Orient* 72: 149-236.

_____. 1984. "Tibetica Antiqua II: L'usage de métaphores pour des distinctions honorifiques à l'époch des rois tibétaines." *Bulletin de l'École française d'Extrême-Orient* 73: 257-72.

_____. 2010. *Rolf Stein's Tibetica Antiqua, with Additional Materials*. Translated by Arthur P. McKeown. Leiden: Brill.

Stewart, Charles, and Rosalind Shaw. 1994. *Syncretism/Anti-Syncretism: The Politics of Religious Synthesis*. London: Routledge.

Takahashi, Kammie. 2010. "Rituals and Philosophical Speculation in the *Rdo rje sems dpa'i zhus lan*." In *Esoteric Buddhism at Dunhuang: Rites and Teachings for This Life and Beyond*, edited by Matthew T. Kapstein and Sam van Schaik, 85-141. Leiden: Brill.

Tanaka, Kenneth, and Raymond Robertson. 1992. "A Ch'an Text from Tun-huang: Implications for Ch'an Influence on Tibetan Buddhism." In *Tibetan Buddhism: Reason and Revelation*, edited by S. Goodman and R. Davidson, 57-78. New York: SUNY Press.

Tanaka Ryōshū. 1981. "Relations between the Buddhist Sects in the T'ang Dynasty through the MS. P. 3913." *Journal asiatique* 269: 163-69.

Tauscher, Helmut. 2007. "The *Rnal 'byor chen po bsgom pa'i don* Manuscript of the 'Gondlha Kanjur.'" In *Text, Image, and Song in Transdisciplinary Dialogue*, edited by D. Klimburg-Salter, K. Tropper, and C. Johoda, 79-104. Leiden: Brill.

Thomas, F. W., S. Miyamoto, and G. L. M. Clauson. 1929. "A

Chinese Mahāyāna Catechism in Tibetan and Chinese Characters." *Journal of the Royal Asiatic Society* 61: 37-76.

Tucci, Guiseppe. [1958] 1978. *Minor Buddhist Texts: Part II.* Rome: Istituto Italiano per il Medio ed Estremo Oriente.

Ueyama Daishun. 1971. "Tonkō shutsudo chibettobun mahaen zenshi ibun" [The lost writings of the Chan master Moheyan]. *Indogaku bukkyōgaku kenkyū* 19, no. 2: 124-26.

————. 1976. "Chibetto yaku tongo shinshū no kenkyū" [A study of the Tibetan translation of the *Dunwu zhenzong yaojue*]. *Zenbunka kenkyūsho kiyō* 8: 33-103.

————. 1982. "Tonkō ni okeru zen no shosō." [Various aspects of Chan Buddhism in Dunhuang]. *Ryūkoku daigaku ronshū* 421: 88-121.

————. 1983. "The Study of Tibetan Ch'an Manuscripts Recovered from Tun-huang: A Review of the Field and Its Prospects." Translated by Kenneth W. Eastman and Kyoko Tokuno. In *Early Ch'an in China and Tibet,* edited by Whalen Lai and Lewis R. Lancaster, 327-50. Berkeley: Asian Humanities Press.

————. 1990. *Tonkō bukkyō no kenkyū* [Studies on Buddhism in Dunhuang]. Kyōto: Hōzōkan.

Vitali, Roberto. 1990. *Early Temples of Central Tibet.* London: Serindia.

Wittgenstein, Ludwig. [1959] 1973. *Philosophical Investigations.* Oxford: Blackwells.

Wright, Dale. 2008. "Introduction: Rethinking Ritual Practice in

Zen Buddhism." In *Zen Ritual: Studies of Zen Buddhist Theory in Practice,* edited by Steven Heine and Dale Wright, 3-20. New York: Oxford University Press.

Yamaguchi Zuiho. 1996. "The Fiction of King Dar-ma's Persecution of Buddhism." In *Du Dunhuang au Japon: Études chinoises et bouddhiques offertes à Michel Soymié,* edited by Jean-Pierre Drège, 231-58. Geneva: Droz.

Yampolsky, Philip. 1967. *The Platform Sūtra of the Sixth Patriarch.* New York: Columbia University Press.

————. 1983. "New Japanese Studies in Early Ch'an History." In *Early Ch'an in China and Tibet,* edited by Whalen Lai and Lewis R. Lancaster, 1-12. Berkeley: Asian Humanities Press.

Yanagida Seizan. 1967. *Shoki zenshū shisho no kenkyū* [A study of the historical works of the Zen school]. Kyoto: Hōzōkan.

————. 1974. "Zensekai Kadai." In *Zenke goroku II,* edited by Nishitani Keiji and Yanagida Seizan, 445-514. Tokyo: Chikuma shobō.

————. 1983. "The Li-Tai Fa-Pao Chi and the Ch'an Doctrine of Sudden Awakening." In *Early Ch'an in China and Tibet,* edited by Whalen Lai and Lewis R. Lancaster, 13-50. Berkeley: Asian Humanities Press.

Zieme, Peter. 2012. "The Sūtra of Complete Enlightenment in Old Turkish Buddhism." In "Buddhism across Boundaries," edited by John R. McRae and Jan Nattier, *Sino-Platonic Papers* 222: 192-211.

索引

說明：

1. 本索引依中譯詞條之筆畫數排序，英文詞條列於最後。

2. 部分索引所列之頁碼，僅顯示該詞條之相關詞或相關概念，並非完全相同詞條。

國家圖書館出版品預行編目資料

傳入西藏的中國禪法 / 薩姆. 范. 謝克(Sam van
Schaik)著；黃書蓉譯. -- 初版. -- 臺北市：
法鼓文化, 2022.12
面；　公分

譯自：Tibetan Zen : discovering a lost
tradition
ISBN 978-957-598-975-0(平裝)

1. CST: 禪宗

226.6　　　　　　　　　111016870

法鼓文理學院譯叢 **5**
Dharma Drum Institute of Liberal Arts Translation Series 5

傳入西藏的中國禪法
Tibetan Zen: Discovering a Lost Tradition

著者	薩姆・范・謝克（Sam van Schaik）
譯者	黃書蓉
潤稿	呂文仁
主編	釋果鏡

出版	法鼓文化
總監	釋果賢
總編輯	陳重光
編輯	梅靜軒
封面設計	黃聖文
地址	臺北市北投區公館路186號5樓
電話	(02)2893-4646
傳真	(02)2896-0731
網址	http://www.ddc.com.tw
E-mail	market@ddc.com.tw
讀者服務專線	(02)2896-1600
初版一刷	2022年12月
建議售價	新臺幣350元
郵撥帳號	50013371
戶名	財團法人法鼓山文教基金會—法鼓文化
北美經銷處	紐約東初禪寺
	Chan Meditation Center (New York, USA)
	Tel: (718)592-6593　E-mail: chancenter@gmail.com

TIBETAN ZEN: Discovering a Lost Tradition
©2015 by Sam van Schaik
Published by arrangement with Shambhala Publications, Inc.,
2129 13th St, Boulder, CO 80302, USA, (www.shambhala.com)
Complex Chinese translation copyright ©2022

Dharma Drum Institute of Liberal Arts Translation Series 5
First published in December 2022
Dongchu Publishing Co., Ltd.
5F., No. 186, Gongguan Rd., Beitou District, Taipei City, 112004 Taiwan
ALL RIGHTS RESERVED

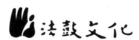